熊梅姬娜 冯争争 ◎ 著

中国古代战争法研究

上海人民出版社

6 第六章
中国古代战俘的权利保护　185

　　古罗马有法谚云："枪炮作响法无声。"然而在人类的文明进程中，战争与法律从来相伴而生。战争催生了法律，法律又试图驯化战争，并在战争的血雨腥风中构建起正义与人道的维度。战争法的出现，反映了人类以理性规制自身野蛮争斗的努力，使我们对于人性中善的力量保留了乐观的期待。21世纪以来，战争实践发生了令人瞩目的变化，也催生了战争法暂时无力顾及的新型领域，并动摇了战争法赖以产生的基础。战争法在当前面临的挑战，已经不仅仅是现有的规则是否能够规制新的战争的问题，而是我们不得不思考，假设在未来战争中，作战手段本身不再造成大规模的直接损伤，那么是否还需要用法律来规制战争？如果需要，未来战争法会发生哪些转向？要回答这些问题，转向历史的研究就是必需的。历史的研究虽然不能为我们提供解决现实问题的直接答案，却会为我们展示战争法演化进程的可能路径。

　　从规范的意义上来说，战争法是近代文明的产物，它是国际法的重要组成部分，是在国际关系上对国家有法律约束力的行为规则，是调整战争状态下国际关系及交战各方战争行为的重要法律依据。不过，在此之前，国际社会虽然不存在一个规范意义上的、以公约为基础的战争法体系，但却存在大量惯例和习惯法形式的战争规则。本书正是在这一宽泛的意义上使用战争法的概念，即把中国古代存在过的、具有习惯法性质的战争规则，称为中国古代的战争法，《司马法》《荀子》《左传》等文献，是记载这些规则的主要载体。

中国古代战争法，发展与繁盛于先秦时期，尤以春秋时期的实践最为丰富。战国之后随着大一统帝国的建立，制度形态的中国古代战争法渐趋式微，但其作为观念形态和知识体系依然长久地影响着中国人的战争行为。迨至晚清，近代国际法随着西方的船坚炮利进入中国，作为知识与观念的中国古代战争法也彻底崩溃。中国古代战争法虽不同于当今规范意义上的战争法，却可以使我们在一定程度上从战争法的原初状态对其进行考察。同时，厘清这些规则演化的逻辑对于我们沟通中国传统政治哲学与现代战争法理论，寻求中国传统军事法律文化的开新之路，也具有十分重要的现实意义。

在学术史上，早在晚清至民国时期，伴随着近现代国际公法理论的引入，中国古代战争规则，就曾作为中国古代国际法的组成部分，进入了研究者的视野。这一时期出现了大批研究中国古代国际法的著作，其中有很多也涉及战争法的内容。1884 年美国传教士丁韪良的《中国古世公法论略》，是中国古代战争法研究之滥觞。在这篇文章中，丁氏肯定中国在先秦时期存在国际公法。"考诸中国，分封之世界，会盟伐聘，史不绝书，则固未尝无公法行其间也"，而且丁氏此文中，战争法的内容占据了很大篇幅。这是因为丁韪良认为"中国公法，早寓于封建之初，而显著于春秋之世"，"综观春秋战国之世，有合乎公法者，如此之多"。而春秋列国在战争中所遵守的"军旅之法度"，自然是公法的重要内容。所以他在文中详细梳理了中国古代的"战争法"：（1）军旅所至民间，秋毫毋得犯；（2）兵必以鼓进，敌未成列者不击；（3）无故不得兴兵；
（4）御强卫弱，恒谓之义；（5）诸侯不得擅灭人国，以弃先王之
命；（6）局外之国，亦俨有权利之可守。①

事实上，从19世纪中期开始，面对"天朝秩序"的崩溃，中
国知识分子纷纷以中国古代尤其是春秋战国的历史比附当时的国际
格局。"应该说，在历史中寻找当前新问题的答案，是中国社会一
种固定的思维方式。当19世纪中期的世界景象呈现在中国人面前
时，他们自然而然地联想到了春秋战国似曾相识的一幕，试图从这
样一种对比中，来认识、理解当代的国际环境。"②春秋战国分裂战
乱的历史与19世纪的世界无疑有着非常相似之处，正是在这一背
景下，在丁韪良之后，中国古代国际法的研究在中国知识界渐渐形
成一股热潮，出现了大批研究中国古代国际法的著作，其中有很多
也涉及战争法的内容。其中比较有代表性的著作有徐传保的《先秦
国际法之遗迹》、陈顾远的《中国国际法溯源》等。

徐传保的《先秦国际法之遗迹》出版于1931年。书中的第
二章"国际关系"专列"战争关系"一节，其内容包括"启战关
系""交战关系""休战关系"，钩稽了先秦文献中所记载的战争法内
容，史实考订颇为详尽。尤其值得注意的是，该著的附录部分收
入《司马法之研究》一文，作者明确指出他的研究目的就在于"由

---

① ［美］丁韪良：《中国古世公法论略》，载王健编：《西法东渐：外国人与中国的近代变革》，
中国政法大学出版社2001年版。

② 田涛：《国际法输入与晚清中国》，济南出版社2001年版，第56页。

司马法与近世诸国际法典之比较而考司马法之价值"。① 因此，该文不仅详细梳理了"司马法"中的战争理论、交战与休战规则，而且将其与《海牙陆战条约》的内容进行了比较，并且指出："夫初观之，《海牙陆战条约》之规则似独详尽：盖有'个人生命''个人财产''个人宗教权''公家财产'及'其他公益建筑'诸项保护之规定，至司马法之规则中则无之。虽然，细察之，则司马法之文固亦可谓条例详尽也：盖所谓'入罪人之地，见其老幼，奉归勿伤，虽遇壮者，不校无敌'者，即指'个人生命'而言也；'毋燔墙屋，毋取六畜，禾黍，器械'者，即指'个人之财产'而言也；'毋暴神祇'者，即指'个人之宗教权'与夫'公益建筑中之宗教建筑'而言也；'毋行田猎，毋毁土功，毋伐森林'者，即指'公家财产'及其他'一切公益建筑'而言也。"所以"司马法之足与近世国际法典相并重（或竟较优），盖可更明矣"。② 该书附录中的其他几篇文章如《荀子议兵篇内容之研究》《逸周书中〈战道文〉之研究》中也有类似论述，作者甚至认为中国古代的"军礼"，以人道为本，诚可谓近世战争法典之鼻祖。由此可以看出，徐著根本的问题意识是力图通过对传统资源的重新解读来重塑中国人的文化信心。关于这一点，有着海外留学经历的徐传保讲得很明白："凡吾华学者（尤为曾往国外求学者），当知：吾国之古籍，其内容之丰美而新颖，超出乎近世人之意料者，为数极多，故决不可自弃祖国之文化

---

① 徐传保：《先秦国际法之遗迹》，上海书店出版社1991年版。
② 同上书，第570页。

而置之不理。……世界学者，与夫吾国学子之曾往国外求学者，当知：中国之文化，实足与世界其他任何洲之文化相并论。"①

陈顾远的《中国国际法溯源》属于与徐著同时代的作品。全书分为"总论""常时之邦交""临时之策略""战时之法则"四个部分。其中"战时之法则"即战争法的内容。在这一部分的开篇，他即指出："战争者，和平之反也，而仍有其所当遵守之法则，是曰战时国际法……盖兵之所起，大都小役大，弱役强，或因怒兴师，或弃礼贪利，未尝有纯然禁暴救乱之义也。……《周礼》所谓'大师用众也'；《左传》所谓'君子之讨，军礼也'；大师之礼及军礼，当亦包含战时国际法于内也。"② 这段话清晰地阐释了陈氏研究中国古代战争法的基本思路：即从中国传统本身去阐释和理解"中国古代战争法"。

在具体的论证方式上，陈顾远以春秋三传为基本的史料来源，把中国古代战争法分为征伐侵袭、战取入灭、敌俘谍使、降成平盟四个部分进行详细梳理和论述。这四个部分分别涉及现代战争法体系的开战规则、交战规则、占领及战俘等各个方面。但在论证中，陈氏并没有用战争法的概念和范畴对中国古代典籍中的概念进行简单置换，而是在国际法的理论框架下，试图以中国固有的话语系统解读中国古代战争法。所以不同于丁韪良对中国古代战争法的简单列举和总结，陈氏的梳理更为详尽，并强调"孔子书春秋，举毫毛

---

① 徐传保：《先秦国际法之遗迹》，上海书店出版社 1991 年版，第 571 页。
② 陈顾远：《中国国际法溯源》，上海书店出版社 1991 年版，第 271 页。

之善，贬纤芥之恶，并为录之，分以彼此，则在战争之中，固显然有其相当之法则也"，突出了中国古代战争法的道德维度。

总体来说，从晚清到民国，学者们对于中国古代国际法（包括战争法）的研究热情，是在西学东渐的背景下形成的，是中国传统文化对西方文化作出反应的一个例证。对于长期抱持着文化优越感的中国知识阶层而言，面对传统天下秩序的崩溃、中华文化中心地位的丧失，从历史记忆中寻求对策，通过对传统观念的调适、对传统文化智识的重新阐发来树立新的信念，也是一种固有的思维逻辑，这就决定了这一时期的研究难免带有简单比附的痕迹。尽管如此，从国际法的角度对中国传统文献进行整理和描述，毕竟为我们认识和理解中国古代政治哲学思想提供了新的坐标。因为"比较乃是思维本身的一项特征，是人类认识和理解世界的基本手段"。[①]前辈学人会通中西、勾连古今的努力，对于中国古代战争法的研究，无疑具有开创性的意义。

而在当代，对中国古代战争法的研究一度沉寂。直到 1999 年出版的《古代中国国际法研究》[②]，其内设有"古代中国战争法"一章。其内容涉及战争的开始与结束、交战规则及中立等问题。21世纪以来，随着战争法研究的逐步深入，战争法的研究论著日益增多。作为战争法基本理论的重要组成部分，战争法的历史发展问题越来越受到重视。《中国军事百科全书·战争法分册》专列了"古

---

① 梁治平：《法律的文化解释》，生活·读书·新知三联书店 1994 年版，第 36 页。
② 孙玉荣：《古代中国国际法研究》，中国政法大学出版社 1999 年版。

代区域战争规范"辞条，其中设有"古代中国的战争规范"一节，把"古代中国的战争规范"的内容归纳为师出有名、征战有时、作战行为要符合仁义、爱护敌国的百姓和财物。[①]同一时期出版的战争法教材也有类似的观点和表述。

总体来看，这一时期学者们对于中国古代战争法的研究，已经没有了近代学者面对西学涌入而产生的抗拒、徘徊和游移，而更多的是从学科发展的角度追溯战争法的早期源流，通过对中国传统资源的挖掘和整理，为战争法的理论研究提供思想资源。加之这些学者大都受过完整规范的法学学术训练，对国际法的话语系统的运用也更为娴熟，其中孙玉荣的《古代中国国际法》是影响最为广泛的著作。该著为构建新的中国古代战争规则的理解框架，作出了可贵的尝试。不过，在文献的运用上，该著不及近代学者在文献考据上的扎实详尽，这也在一定程度上影响了著作的整体价值。2008年俞正山先生发表的《仁为兵本，兵依仁用——略论先秦兵学的人道观念及人道规则》一文，则标志着中国古代战争法的研究进入了一个新的阶段。该文阐述了先秦兵学中"仁"的概念所蕴含的人道价值，并以之与国际人道法进行了比较，指出先秦兵学中的许多作战规则，与今天的国际人道法的规定几乎完全相同。但可贵的是，作者的论述并未止于此，而是进一步指出，先秦兵学的人道观念与现代国际人道法，既有相同的一面，也有不同的一面。两者的最主要差异，是植根的基础不同，与战争艺术的关系不同。中国先秦兵学

---

① 刘家新、齐三平主编：《中国军事百科全书·战争法分册》，中国大百科全书出版社2007年版。

的人道观念和人道规则，植根于"仁"的观念，是由"爱人"的道德和"仁政"政治引申出来，是战争艺术的内在要求和组成部分。现行国际人道法的形成和发展，则以战争是国家间的关系而非个人行为为基础，以国家间的互惠为前提，从"战争中应尽力实现的唯一合法目标是削弱敌人的军事力量"引申出来，它外在于战争艺术本身。[①] 在此后的一次学术访谈中，俞先生进一步阐述了自己的观点："其一，古代中国兵学包含了丰富的人道性质的规范和规则，这些规范和规则与现代国际人道法高度吻合。其二，古代中国兵学与现代国际人道法在规则层面的这种相同或相类背后，存在着根本性的区别：就战争背后的政治来看，一个是'天下观'的产物，一个是主权国家间的协议；就战争本身的关照来看，一个着眼于战争的整体，把该不该发动战争作为首要的问题，一个仅仅着眼于作战行为，无视或可以回避战争的应该和合法性问题；就对这些规则的性质和作用的认定来看，一个把它看作是取得战争的内在要求，是取胜之道，是军事艺术，一个把它作为外加于战争的法律规范，与战争的胜负无关，不属于军事艺术。"[②]

俞先生的论述不但在内容上极具启发意义，而且在研究方法上也有了新的突破。从方法论的角度来看，对于历史问题的研究，向来存在着描述性和解释性两种研究路向。前者注重对现象世界的描

[①] 俞正山：《仁为兵本，兵依仁用——略论先秦兵学的人道观念及人道规则》，《西安政治学院学报》2008 年第 1 期。

[②] 司利芳：《武装冲突法、国际人道法学术研究的有关问题——访武装冲突法学者俞正山教授》，《西安政治学院学报》2010 年第 2 期。

述，后者重在对历史现象背后的根源与意义世界的追究。^①也有学者据此把法律史的研究方法划分为事实描述和理论阐释两类。^②按照这一标准，此前对于中国古代战争法的研究，更多地着眼于事实描述而非理论阐释。当然，任何事实描述也都需要借助于一定的话语体系来表达。尽管此前的研究论著也大量引进了战争法的话语系统，运用了诸如"开战规则""交战规则""战时法律关系"等概念对中国古代文献进行整理和描述，但在理论体系上，还缺乏对规则背后的根源世界的追寻和阐释，因此，这些成果在研究取向上仍可归属于事实描述类。而俞先生的论述则深入中国古代战争法与现代战争法的不同的意义世界，在研究方法上具有开创性的价值。可惜由于篇幅所限，俞先生的研究还未形成完整的学术理论。

有学者曾经指出，"人类面临许多基本的和共同的问题，但是在不同时期不同地方，人们理解问题的立场、对待问题的态度和解决这些问题的方式并不相同。这就是所谓文化选择，围绕这一过程，产生了不同的意义世界。历史中的人永远并且只能生活在他们

---

① 参见胡旭晟：《描述性的法史学与解释性的法史学》，《法律科学》1998 年第 6 期。该文中，作者引入解释学理论，认为单就对象自身的逻辑而言，历史于史学家的视野中，呈现出三个不同的"世界"，一是现象世界，即历史"是什么"；二是根源世界，即历史"为什么是什么"；三是意义世界，即历史能为我们的现在和将来提供什么。这三个世界对于学术研究的要求各有不同：现象世界需要描述，根源世界需要追究，意义世界需要探求。据此，法史学研究可划分为描述性与解释性研究两类。

② 参见王志强：《中国法律史学研究取向的回顾与前瞻》，《中西法律传统》第二卷，中国政法大学出版社 2002 年版，第 59—90 页。作者认为，事实描述是承认或侧重于利用既有理论框架或纯粹立足史料本身所进行的考订史实、陈述事实的研究取向；理论阐释的取向则强调通过研究、对理论体系的整体或局部进行重构，表现为对现象世界进行抽象性的理论抽象、因果阐释以及以此为基础的价值判断。

各自的意义世界之中"。① 战争与和平也是人类面临的"基本和共同的问题",如何规制战争也是一个文化选择的过程。因此,把中国古代战争规则放置于整个人类社会历史演进的宏大背景下加以关照,透过其文本和表象,追寻其背后的根源与意义世界,是我们研究的终极目标。

① 梁治平:《法律的文化解释》,生活·读书·新知三联书店 1994 年版,第 37 页。

第一章

天下观：中国古代
战争法的理论前提

有位法律家说："战争并非全然是暴力统治一切的世界，战争状态也是一种法律状态。"[①] 然而，当我们以战争法理论考察中国古代的战争规则时，就会发现，根源于西方文化传统的战争法理论，很难准确地解释中国古代战争规则赖以产生的思想根源。由于中西两种文明的不同生存背景及由此产生的历史经验和思维方式的不同，中国古代先贤对于战争的思考虽也触及了战争法所要研究的核心问题，如战争的合法性问题、战争行为的正义性问题、战争善后问题，等等，但其认识路径却迥异于西方法学家。

西方法学家在构建战争法理论大厦时，是以民族国家为基本的分析单元，即从民族国家的视角来理解战争，这是现代战争法理论产生的基点。而中国古代的思想家则是以"天下"的概念来理解世界，"天下"代表了人们所能认识和想象的世界的全部，是位于国家之上的、最大的空间单位和文化单元。列文森曾引征梁启超的观点指出："中国人认为中国是'天下'，而不是一个'国家'，在天下之中，没有比中国文化更高的文化形态存在。"[②] 从"天下"的视角来认识战争，是中国古人独特的宇宙观、世界观在战争领域的反映，"天下"理念的形成，使中国古代思想家对战争的思考超越了民族国家的分析单元，始终围绕着天下秩序的崩溃与重建而展开，天下观是中国古代战争法产生的理论前

---

① "译者的话"，见［美］迈克尔·沃尔泽：《正义与非正义战争》，任辉献译，江苏人民出版社 2008 年版。

② ［美］约瑟夫·列文森：《儒教中国及其现代命运》，郑大华、任菁译，广西师范大学出版社 2009 年版，第 84 页。

提，它对于中国古代战争法形成的意义，在于它规定了中国古人对于战争定义的思考路径、对于战争中敌我关系的认识，并因此决定了对战争行为进行规制的特有思路，形塑着中国传统的战争行为模式。

一、"天下"的内涵

所谓"天下"，从字面意思上讲，即"天之所覆、地之所载"（《中庸·右第十三章》）①，既用以指代古时中原王朝的统治疆域，又表达了中国古人对于世界的认识和想象。

在中国古代的文献中，用"四极""八荒""四海"等词汇，为"天下"界定了一个宽泛的定义。如《尚书·禹贡》中的"东渐于海，西被于流沙，朔、南暨声教，讫于四海"②，《论语》中有"四海之内，皆兄弟也"（《论语·颜渊》）③等句。《诗经·小雅·北山》则有"溥天之下，莫非王土；率土之滨，莫非王臣"的说法。而关于"天下"具体的空间范围则集中体现在古代的畿服理论中。畿，即王畿，是指天子直接统治的区域；服，即服王事也。畿服制乃

---

① 朱熹：《四书集注·中庸章句》，中华书局 1983 年版。
② 孙星衍：《尚书今古文注疏》，中华书局 1986 年版，第 207 页。
③ 朱熹：《四书集注·论语集注》，中华书局 1983 年版。

是根据距离王畿的远近，规范不同地区政治团体所承担的义务和
责任。

《尚书·酒诰》记载了商人的内、外服制：

> 越在外服，侯、甸、男、卫、邦伯；越在内服，百僚、
> 庶尹、惟亚、惟服、宗工，越百姓里居。[①]

西周时期则有"五服"之制：

> 先王之制，邦内甸服，邦外侯服，侯、卫宾服，蛮、夷
> 要服，戎、狄荒服。甸服者祭，侯服者祀，宾服者享，要服
> 者贡，荒服者王。[②]（《国语·周语上》）

五服之中，甸、侯、宾三服大体相当于王畿与诸侯的领地，也
就是所谓的"华夏"，而要、荒二服，则是"蛮夷""戎狄"的范
围。这就是说，天下是一个连续的整体的世界，它不仅仅包括华夏
地区的诸侯，也包括蛮夷戎狄在内。

《尚书·禹贡》篇也有类似的记载：

> 五百里甸服：百里赋纳总，二百里纳铚，三百里纳秸服，

---

① 孙星衍：《尚书今古文注疏》，中华书局 1986 年版，第 379 页。
② 《国语》，上海古籍出版社 1978 年版。

四百里粟，五百里米。五百里侯服：百里采，二百里男邦，三百里诸侯。五百里绥服：三百里揆文教，二百里奋武卫。五百里要服：三百里夷，二百里蔡。五百里荒服：三百里蛮，二百里流。①

《周语》中的"宾服"与《禹贡》的"绥服"只是字面不同，但均为安抚羁縻之义。《周礼·夏官·职方氏》篇则提出了"九服"制理论：

乃辨九服之邦国：方千里曰王畿，其外方五百里曰侯服，又其外方五百里曰甸服，又其外方五百里曰男服，又其外方五百里曰采服，又其外方五百里曰卫服，又其外方五百里曰蛮服，又其外方五百里曰夷服，又其外方五百里曰镇服，又其外方五百里曰藩服。②

侯、甸、男、采、卫、蛮、夷、镇和藩"九服"，反映的思想观念与"五服"理论相同。

正如有学者指出的，畿服理论关于"天下"范围的表述，不仅不符合中国实际的自然地理特点，而且这种划界方法也并不具备现实可能性。"如《禹贡》中的'天下'范围，如果按照'五

① 孙星衍：《尚书今古文注疏》，中华书局 1986 年版，第 202—206 页。
② 阮元：《十三经注疏·周礼注疏》，中华书局 1980 年版。

服'计算，方圆五千里，面积为两千五百万平方公里；《周礼》中的'天下'则有'九服'，方圆一万里，面积为一亿平方公里，在当时是不可能付诸实践的。"①

显然，畿服理论所描述的"天下"，并非是对自然空间的客观论述，而是一种人文构想，是建基于现实政治场域的一种理想化的世界秩序模式。张光直先生认为，"中国古代文明的一个可以说是最为令人注目的特征，是从意识形态上说来它是在一个整体性的宇宙形成论的框架里面创造出来的"。② 这是一种连续性的系统整体的宇宙观，反映在现实社会上，就是在三代中国人的世界秩序中，"没有断裂的观念，也没有主权的观念"，只有一个连续的"天下"。畿服理论所描述的，正是人们理想的天下秩序的模式："这是一个以王畿为中心，按照远近亲疏的关系，由内向外扩展的同心圆式的等级结构。"③ 也就是说，纷繁复杂的现实世界被纳入以"天下"为维度的空间概念中，在这个"天下"中，世界秩序在很大程度上被理解为一体性的伦理秩序，中心与外围的划分标准是与天子距离的远近，与天子的远近亲疏关系不同，权利义务也不同。所以"天下"对于中国文化的意义，就在于它体现出的由"空间观念"延伸出来的人文和政治内涵。

---

① 何新华：《试析古代中国的天下观》，《东南亚研究》2006 年第 1 期。
② 张光直：《中国青铜时代二集》，生活·读书·新知三联书店 1990 年版，第 134 页。
③ 宫玉振：《论近代中国的战略文化走向》，《中国军事科学》2000 年第 6 期。

——二、天下观与战争的定义

天下观对于战争法研究的意义，首先在于它规定了早期中国人对战争定义的思考路径。对战争如何定义，反映了战争法研究的方法论问题。西方法学家从民族国家的立场出发，把战争看作国家之间为维护自己的利益而进行的纷争，"应当把通常发生在国家间的所有这些纷争看作是战争法的调整对象（an aiticle）"。①

民族国家体系中的丛林假定，决定了战争定义本身，并不包含道德评价，因为战争既可以是社会状态也可以是政治工具，作为一种自然的社会状态，战争并不存在正义与否的问题，而作为政治工具，战争是否正义则取决于进行战争的目的。所以"正义（因素）不被包括在战争的定义中，因为我们正需要解决的问题是，是否所有战争都是正义的，什么样的战争才称得上是正义战争。因而我们必须把战争本身与战争的正义性区分开来"。②这种对战争的现实主义分析思路，使得现代战争法更注重规则本身的价值和功能，强调从外部对战争行为进行制约。

从"天下"立场出发的中国古代思想家则把道德的评判引入战争的定义之中。由"天下"的空间观念延伸出来的人文和政治内涵决定了"天下"本身就是一个道德和伦理的世界。有学者提出，作为一种制度，天下"是一种建立在'伦人'基本人际状态之上的以

---

① ［荷］格劳秀斯：《战争与和平法》，何勤华等译，上海人民出版社 2005 年版，第 17 页。
② 同上书，第 29 页。

'朝贡体制'为主要内容的古代东亚国际秩序。尽管这种体制在历史各个时期内容有所不同，但其基本模式并无本质变化。天下体制下国与国之间的关系基本上不是竞争性的，因而也不是奴役与被奴役关系。当然，也不是基于自由、平等的契约关系，而是一种角色伦理关系"。①

从中国早期国家的起源来看，"在中国古代，文明和国家起源转变的阶段，血缘关系不但未被地缘关系所取代，反而是加强了，即亲缘与政治的关系更加紧密地结合起来"，② 这种结合在西周时期通过宗法制和分封制得以强化。王国维在论述殷周之际的社会变革时指出，西周时期的宗法制度与分封制度将天下纳于一个"道德之团体"③，周天子分封公、侯、伯、子、男各等爵到各地，"凡邦国，千里封公，以方五百里则四公，方四百里则六侯，方三百里则七伯，方二百里则二十五子，方百里则百男。以周知天下"（《周礼·职方氏》）④。天下诸侯共尊周天子为"共主"，正所谓"天子之尊，非复诸侯之长而为诸侯之君"⑤，周天子制约各城邦国的政治，并通过周礼制定尊卑等级，形成了家国一体的政治架构：最高政治单位是天下，其次是国，再次是家。最高的政治首脑是天子。政治结构与亲缘结构相互重叠——"同姓大国曰伯父，其异姓则曰伯

---

① 尚会鹏：《伦人与天下——解读以朝贡体系为核心的古代东亚国际秩序》，《国际政治研究》2009 年第 2 期。

② 张光直：《中国青铜时代二集》，生活·读书·新知三联书店 1990 年版，第 118 页。

③ 王国维：《殷周制度论》，《观堂集林》卷十，中华书局 1959 年版。

④ 阮元：《十三经注疏·周礼注疏》，中华书局 1980 年版。

⑤ 王国维：《殷周制度论》，《观堂集林》卷十，中华书局 1959 年版。

舅。同姓小邦则曰叔父，其异姓小伯则曰叔舅"；从家庭到天下，人类群体组织的规模是一个从小到大逐步过渡的关系；这些从小到大的不同规模的群体组织之间在政治上有着极大的相似性——"治天下之国若治一家，使天下之民若使一人"（《墨子·尚同下》）①，《大学》中说"古之欲明明德于天下者，先治其国；欲治其国者，先齐其家；欲齐其家者，先修其身；欲修其身者，先正其心……心正而后身修，身修而后家齐，家齐而后国治，国治而后天下平。自天子以至于庶人，壹是皆以修身为本"②，《孟子·离娄上》说"天下之本在国，国之本在家，家之本在身"③表达的都是这样的理念。从这样的相似性原理出发，列国之间的亲缘与伦理关系，也渗透到了国家之间的政治关系："大邦维屏，大宗维翰，怀德维宁，宗子维城"（《诗经·大雅·板》）。④处理家族伦理关系的道德原则，也被引入国家关系之中，反映在战争领域，则是中国古代先贤对战争的认识和定义，都体现出一种道德主义的分析思路。

在中国古代文献中，对战争的表述有伐、侵、袭、征、讨、诛等，这些表述本身就包含着对战争的道德评价。《左传》中说："凡师，有钟鼓曰伐，无曰侵，轻曰袭"（《左传·庄公二十九年》）⑤，这是"伐、侵、袭"三字的区别。伐，古代鸣钟鼓以声其过曰伐，是等级较高的堂堂正正、大张旗鼓的师旅征讨活动，用于惩罚那些专

① 孙诒让：《墨子间诂》，中华书局 2001 年版。
② 朱熹：《四书集注·大学章句》，中华书局 1983 年版。
③ 朱熹：《四书集注·孟子集注》，中华书局 1983 年版。
④ 高亨：《诗经今注》，上海古籍出版社 1980 年版。
⑤ 杨伯峻：《春秋左传注》，中华书局 1990 年版。

杀贤大夫、残害百姓的诸侯国。"征"，《孟子·尽心下》："征者上伐下也，敌国不相征也。"① "讨"与"征"义相近，征伐有罪叫讨。《司马法》说"兴甲兵以讨不义"，《孟子·告子下》："是故天子讨而不伐，诸侯伐而不讨"②，"讨"这种手段是用于表示天子对诸侯的惩罚。侵，古代兵加其境，用兵浅者谓之侵，诸侯依恃险要坚固的地势而不服事天子，则侵其地，以示警告，此为等级较低的军事活动。从这些对战争的表述可以看出，依据战争对象所犯罪行大小轻重的不同，会招来规模大小不同的讨伐；战争的发动者和战争对象是战争概念本身的构成要素，并且与战争的正义性直接相关。战争因此不仅仅是一种事实上的纷争状态，而成为掺杂着战争主体之间伦理关系的道德实践活动。战争发动者在宗法制度中的身份地位、战争目的在道德上的正当性都体现在这些不同的称谓上。

三、天下观与敌友关系的判断 ——

　　毛泽东同志有过著名的论断："谁是我们的敌人？谁是我们的朋友？这个问题是革命的首要问题。"这一论断深刻地揭示了敌友划分在政治实践中的重要作用。德国思想家卡尔·施米特也曾对

---

① 朱熹：《四书集注·孟子集注》，中华书局 1983 年版。
② 同上。

政治下过一个定义："所有政治活动和政治动机所能归结成的具体政治性划分便是朋友与敌人。"[①] 根据这一界定，只有通过敌友的划分，政治才真正实现以自身标准为基础的确认。划分敌友，关系着政治统一体的生存、独立和自由。由此而来的政治概念就带有强烈的对抗性，战争构成了政治行为的"首要前提"，"战争是敌对性的显现形式"。

（一）识别敌人

所有的战争都是与敌人的战争，因此战争法所要处理的首要问题，就是究竟是谁，可以用什么标准确立敌人，并发起战争。"战争起于仇恨。战争就是否定敌人的生存。它是仇恨的最极端后果。它不必是某种普遍性的、正常的或令人向往的理想化的东西。但是，只要敌人这个概念仍然有效，战争便具有现实的可能性。"[②] 对于任何一个政治共同体来说，对敌人的判定和识别，决定了人们如何定义战争，以及如何规制战争。

在西方的思想传统中，对敌人的界定是以国家为基本的分析单位。作为政治哲学概念的敌人，绝非个人的私敌，而是与国家有关的公敌。"因为任何与上述人类群体，尤其是与整个国家有关的东

---

① ［德］卡尔·施米特：《政治的概念》，刘宗坤、朱雁冰等译，上海人民出版社 2018 年版，第 32 页。

② 同上书，第 41—42 页。

西，均会通过这种关系而变得具有公共性。"① 只有与公敌的战斗，才可称为战争（也可以称为公战），否则只能称为内乱。所以，只有发生于主权国家之间的战争，才构成近现代战争法意义上的战争。换言之，近现代的战争法是用以规范"公战"的，只有主权国家可以成为战争法的适格主体。

近现代战争法是欧洲文明的产物，它的诞生和发展，可以追溯至19世纪下半叶，在此之前，战争权被认为是国家固有的合法权力。然而欧洲自由主义思想的兴起，催生了人民主权国家的政治实践，也使人们对于战争暴力的认识产生了变化。在西方思想家们看来，"战争绝不是人与人的一种关系，而是国与国的一种关系；在战争之中，个人与个人绝不是以人的资格，甚至于也不是以公民的资格，而只是以兵士的资格，才偶然成为仇敌的；他们绝不是作为国家的成员，而只是作为国家的保卫者"。② 据此，人们认为，交战国与对方个人之间以及各交战国的个人之间并不存在敌对关系。因此，即使在战争中，国家也不能置敌国人民的天赋人权于不顾，国家必须有节制地使用暴力，这也成为近现代战争法产生的思想基础。

而在以天下为分析单元的古代中国，对敌人的界定则是以道德共同体的存在为背景的。在这种政治结构中，战争被认为是对内部违反秩序者的惩罚，而不是独立、平等的政治实体间的斗争手

---

① ［德］卡尔·施米特：《政治的概念》，刘宗坤、朱雁冰等译，上海人民出版社2018年版，第37页。

② ［法］卢梭：《社会契约论》，何兆武译，商务印书馆1980年版，第18页。

段。战争与内乱、公敌与私敌的界限并非那么鲜明，内外之别，甚至敌友之别都是相对的，而非绝对的。因此，中国古代战争法所规范的，也并非严格意义上的"公战"。从比较的视野来看，它与用以规范"公战"的近现代战争法，尽管都发挥着节制战争暴力的作用，但却有着不同的作用机理和发展走向。近现代战争法理论所探讨的是战争状态下国家之间的权利义务关系，而对于中国古代先贤来说，规制战争更多的是一个道德问题，而非权利问题，所以中国古代的战争法，虽有规则的含义，但又不能仅仅被外在地理解，它实际上涉及人在作出抉择时个人内心的自律，这也体现了中国古代战争法价值优先的、道德主义的致思理路。

（二）仁者无敌

战争的最终目的在于战胜敌人。在西方的法学家看来，国际社会并不存在一个超国家的统治机构，所以国际社会仍处于自然状态，所谓的自然状态也就是人人各自为战的永久战争状态，在自然状态下，国家之间的战争是不可避免的，战争中敌我的界限也是分明的。战争法存在的意义就在于人类要用理性的戒律来规制自身的暴力冲动，以免人类在自相残杀中被毁灭。所以，从本质上说，近现代战争法是以规则的外在力量，对国际社会的"丛林法则"进行修正，是外加于战争的法律规范，与战争的胜负无关。

中国古代的战争法则与此不同。正如前文所述，在中国古代，战争双方被视为属于同一天下的、有亲缘关系的政治实体，因而在此基础上建构的中国古代战争法，并非国家间利益平衡和博弈的结果，而"是由'爱人'的道德和'仁政'的政治引申出来，是战争艺术的内在要求和组成部分"①，是制胜之道，与战争的胜利直接相关。这一思想，在孟子那里，就发展为"仁者无敌"的道德命题："地方百里而可以王。王如施仁政于民，省刑罚，薄税敛，深耕易耨；壮者以暇日，修其孝悌忠信，入以事其父兄，出以事其长上，可使制梃以挞秦楚之坚甲利兵矣。彼夺其民时，使不得耕耨，以养其父母；父母冻饿，兄弟妻子离散。彼陷溺其民，王往而征之，夫谁与王敌？故曰：'仁者无敌。'王请勿疑。"②在中国古代先贤看来，只要统治者能做亲民爱民的仁者，在战争中自然就会因民心向背而无人可敌，即所谓"保民而王，莫之能御也"。③在这一思想的指导下，中国古代的战争法无时无刻不受到"仁"的道德精神的指引。这主要表现在两个方面：

一是用兵要仁，强调战争在道德上的合法性，把吊民伐罪当作正义战争的必要条件。在中国的政治传统中，实行仁政是对统治者最基本的道德要求，战争作为统治者实现"仁"的道德理想的手段，才具有存在的价值。因此，中国古代先贤把战争区分为"圣人之用兵"和"贪者之用兵"，前者是"禁残止暴于天下"的战争，后者是"刈百姓，危国家"的战争。圣人之用兵，旨在救民于水

---

① 俞正山：《仁为兵本，兵依仁用——略论先秦兵学的人道观念及人道规则》，《西安政治学院学报》2008 年第 1 期。

② 《孟子·梁惠王》。

③ 同上。

火，是为实行仁政开辟道路，故而是合法的。《荀子·议兵》中记载，陈嚣问荀子："先生议兵，常以仁义为本；仁者爱人，义者循理，然则又何以兵为？"荀子的回答是："彼仁者爱人，爱人故恶人之害之也；义者循理，循理故恶人之乱之也。彼兵者，所以禁暴除害也，非争夺也。"①著名兵书《司马法》把"兴甲兵以讨不义"作为发动战争的合法性根据，并记载了具体的"九伐之法"："凭弱犯寡则眚之，贼贤害民则伐之，暴内陵外则坛之，野荒民散则削之，负固不服则侵之，贼杀其亲则正之，放弑其君则残之，犯令陵政则杜之，外内乱禽兽行，则灭之。"②《周礼·夏官司马》中也有类似的记载："以九伐之法正邦国，冯弱犯寡则眚之，贼贤害民则伐之，暴内陵外则坛之，野荒民散则削之，负固不服则侵之，贼杀其亲则正之，放弑其君则残之，犯令陵政则杜之，外内乱，鸟兽行，则灭之。"③《司马法》佚文则记载："不会朝，过聘，则刘。废贡职，擅称兵，相侵削，废天子之命，则黜。改历史、衣服、文章，易礼变刑，则放。娶同姓，以妾为妻，变太子，专罪，大夫擅立，关绝降交，则幽。慢神省哀，夺民之时，重税粟，畜货重罚，暴虐自佚，宫室过度，宫妇过数，则削地损爵。"④

从这些记载可以看出，在中国古代，统治者不实行仁政、有所谓的失德行为，就会招致合法的讨伐。在三代时期的战争实践中，

---

① 《荀子·议兵》。
② 《司马法·仁本》。
③ 《周礼·夏官司马·大司马》。
④ 《太平御览》卷六三六引。

也可以看到具体的例证。比如《尚书·甘誓》记载，夏启在甘之战之前，历数有扈氏的罪状，声明出师原因是"恭行天之罚"；《尚书·汤誓》记载商汤灭夏是因为"有夏多罪"，所以"天命殛之"。《尚书·牧誓》也记载了周武王伐商时的话："今商王受惟妇言是用，昏弃厥肆祀弗答，昏弃厥遗，王父母弟不迪，乃惟四方之多罪逋逃，是崇是长，是信是使，是以为大夫卿士，俾暴虐于百姓，以奸宄于商邑。今予发惟恭行天之罚。"[1] 这段话历数了商王纣的罪状：唯妇人（妲己）之言是用；抛弃原有的各种祭祀而不理会；又不任用贵戚旧臣，而提拔任用逃奴，以他们为大夫卿士，听任他们残害百姓，在商都内外为奸作乱，现今我就要奉天命执行上天对他的惩罚。总之，发动这些战争的都是"禁暴除害"的"仁义之兵"，故而是正义的战争。

二是作战要仁，强调作战手段要节制。仁的本义是爱人，人皆有爱己的本能，所以将心比心，"己所不欲，勿施于人"。[2] 从这一基点出发，在作战中交战双方应节制纵杀之心，做到适可而止。

《司马法》中记载了具体的交战规则："战道：不违时，不历民病，所以爱吾民也；不加丧，不因凶，所以爱夫其民也；冬夏不兴师，所以兼爱民也"；"古者逐奔不过百步，纵绥不过三舍，是以明其礼也；不穷不能而哀怜伤病，是以明其义也；成列而鼓，是以明其信也；争义不争利，是以明其义也；又能舍服，是以明其勇

---

① 《尚书·牧誓》。

② 《论语·卫灵公》。

也；知终知始，是以明其智也。六德以时合教，以为民纪之道也，自古之政也"。①《司马法》佚文中也有很多记载："春不东征，秋不西伐，月食班师，所以省战也"②；"穷寇勿追，归众勿迫"③；"围其三面，开其一面，所以示生路也"④。《左传》中则记载了很多具体的战例："三月，陈成公卒。楚人将伐陈，闻丧乃止"⑤；"晋士匄侵齐，及谷，闻丧而还，礼也"⑥。再比如，《左传》中记载，邲之战中，"晋人或以广队不能进，楚毙之脱扃。少进，马还，又毙之拔旆投衡，乃出。顾曰：'吾不如大国之数奔也'"。⑦晋军的兵车坠陷于坑中不能进，楚人教晋人抽去车前横木以出坑。然而拉战车的马匹却仍盘旋不前，楚人又教其拔去车上插的大旗扔掉厄马头的横木，使车轻马便，晋人战车乃得逃出。晋人逃脱之后，反而讥笑楚人，说自己逃跑的经验不如楚人。

从这些记载可以看出，在中国古代，即使在两军厮杀的战场，也不乏崇礼尚仁的特色。如果把中国古代战争法中体现的仁的思想与西方法学家限制战争手段的思想相比较，就会发现，中国古代战争法节制战争暴力的价值基点在于人性内部，体现了对战争参与者的内在的道德要求，这与西方法学家着眼于利益平衡规则、从外部

---

① 《司马法·仁本》。
② 《太平御览》卷二十引。
③ 《后汉书·皇甫嵩传》注引。
④ 《通典》一六〇引。
⑤ 《左传·襄公四年》。
⑥ 《左传·襄公十九年》。
⑦ 《左传·宣公十二年》。

制约战争行为有不同的旨趣。

四、天下观与战争行为的规制 ——

　　钱穆在谈及中西文化的不同走向时曾这样说："东方与西方，有绝然不同之态：西方于同一世界中，常有各国并立；东方则每每有即以一国当一世界之感。故西方常求其力之向外为斗争，而东方则惟求其力之于内部自消融，因此每一种力量之存在，常不使其僵化以与他种力量相冲突，而相率投入于更大之同情圈中，卒于溶解消散而不见其存在。"[①]钱穆所论及的中西文明的差异，其实也是民族国家为基本政治单元的西方世界观与以"天下"为维度的中国古代世界观的差异，这种差异，深刻地影响着中西方对于战争中敌我关系的认识，并决定了对战争行为进行规制的不同思路，形塑着中西方不同的战争行为模式。

　　在一个以民族国家为基本政治单元的世界体系中，国家之间处于国际无政府状态，分裂与冲突是世界秩序的基本特征，因而在西方的战争理论中，竞争中的生存成为暴力得以存在的法理依据。著名学者江忆恩在论述国际无政府状态与武力使用之间的联系时有一

---

① 钱穆：《国史大纲》修订本，上册，商务印书馆1996年版，第23—25页。转引自宫玉振：《中国战略文化解析》，军事科学出版社2002年版，第56—57页。

段清晰的表述：

> 根据现实主义模式，在结构无政府主义的状态下，在需要和有能力的情况下，决策者总是毫不例外地倾向于通过用武力来扩大自己的权力，因为他们从来就无法肯定其他国家不这样做。在无政府状态下，权力的最大化以及在冲突中先发制人地运用武力被认为是对付威胁的最好的办法。[①]
>
> 原则上来说，对于敌人的这种零和观念应该与这样一种信念相联系：战争不但是人类事务中不可避免的特性，而且是国家的安全问题的核心。冲突的根本原因在于敌人的侵略本性。因此，国家的安全建立在首先尽可能地消除外部威胁的基础上。这一点最终要求运用暴力，因此从长远上来说，就敌人的本性而言，是不会容忍自己的生存的。军事力量，对于国家安全来说即使不是首要的手段，也是必不可少的。更重要的是，因为国家生存处于危险之中，对于武力的运用不应该有任何预先的道德或政治限制，不管它是如何地合理。[②]

江忆恩的论述清晰地表达了在西方现实主义政治学理论中，国家之间的关系被设定为零和关系，每个国家从本性上必然都要追逐

---

① Alastair Iain Johnston, Cultural Realism, p.259. 转引自宫玉振：《中国战略文化解析》，军事科学出版社 2002 年版，第 54 页。

② Ibid., p.62. 同上。

自身的利益、权力和安全，因而战争与冲突是不可避免的，战争中敌我的界限也是分明的。虽然现实主义传统在西方也遭到了正义战争论者的批评，如沃尔泽指出："我们从人类学和历史学著作知道，人们可以决定、并且在各种完全不同的文化中人们已经决定了战争是有限的战争——即关于谁能参战、什么战术是可接受的，什么时候战争必须中止、获胜在战争自身的观念中有什么优先地位，人们确立了某些观念"[①]，"战争在某种程度上仍是一种受规则统治的人类活动，一个存在着允许和禁止的世界——一个道德世界，因而它还不是地狱，而只是在通往地狱的途中"[②]。但是现实主义者对国际无政府状态的基本判断并没有被否定，民族国家依然被看作世界体系中的基本政治单元。

因此我们考察现代战争法理论，就会发现，西方法学家所主张的对战争进行规制的前提是基于这样的认识：战争是一项国家政治性事务，国家权利的基础是其成员的同意，只有在缺乏个人同意的情况下，战争才成为被谴责的对象。保护个人的权利是国家的基本义务，因而国家基于个体合意，并以保障个人权利免受侵害为目的而发动的战争就被认为是正义的，否则就是非正义的。即使是正义战争，也会给人类社会带来巨大的灾难，如何对这种必不可少但又危害巨大的行为进行约束，这就不得不诉诸战争法的规制。在西方法学家看来，国际无政府状态下，战争是不可避免的，战争规则也

① ［美］迈克尔·沃尔泽：《正义与非正义战争》，任辉献译，江苏人民出版社 2008 年版，第28 页。
② 同上书，第42 页。

不能从根本上消除战争，但战争规则依然有其存在的意义："战争是如此可怕，它使我们对约束战争的可能性感到怀疑，更糟糕的是没有规则约束的战争又使我们义愤填膺。我们的怀疑证明了战争规约的不完善，我们的愤怒则证明它的现实存在和效力。"[1] 所以，从某种意义上说，战争法的产生可以看作人类理性对国际无政府状态下的"丛林法则"的修正。

而在一个以天下为维度的世界体系中，由于打破了以民族国家为分析单元所产生的政治与文化隔阂，内外之别，甚至敌友之别都是相对的，而非绝对的。国家之间的关系也并非零和关系。对于这样一种"天下"，有学者曾指出："所有地方都是内部，所有地方之间的关系都以远近亲疏来界定"[2]，"天下理论是一种'化敌为友'的理论，它主张的'化'是要吸引他人而非征服他人"。[3] 这突出地体现在它对所谓蛮夷戎狄的传播和影响上。中国古代战争法源于先秦时期华夏诸国的交往规则，最初也只适用于中原华夏国家。《左传》中说"戎狄豺狼，不可厌也；诸夏亲昵，不可弃也"。[4] "戎狄蛮夷"，是当时的中原华夏民族对于周边少数民族的称谓。《说文解字》中说："戎，兵也，从戈从甲。""狄，赤狄，本犬种，狄之为言淫辟也。""蛮，南蛮，蛇种。""夷，东方之人也。"在当时的人们看来，戎狄蛮夷是华夏诸国的真正敌人和"他者"，"非我族类，其

---

① ［美］迈克尔·沃尔泽：《正义与非正义战争》，任辉献译，江苏人民出版社 2008 年版，第 53 页。

② 赵汀阳：《天下体系——世界制度哲学导论》，江苏教育出版社 2005 年版，第 51 页。

③ 同上书，第 33 页。

④ 《左传·闵公元年》。

心必异"，他们不能成为适格的战争法主体，也不能受到战争法的保护。不过，值得注意的是，在中国传统观念里，夷夏之间的差异主要是文化上的，夷夏之间的界限也并非静止的、封闭的，而是可以改变的。罗志田先生对此有过精辟的论述："中国传统的以夷夏之辨为表征的族类观念，与近代西方的民族观念有一重大区别：西人关于民族概念的界定早已汗牛充栋，而至今尚无一家为众人所普遍接受。但一般较为广泛接受的界定，都强调族内的同及外族的人我之异，对外基本上为一封闭的体系。……（中国的）夷夏之辨是以文野之分为基础的。一般而言，文野是后天可改变的。故夷夏也应该是可以互变的。"[1] 春秋时期楚、吴、越等国都曾被视为蛮夷不被中原诸侯所承认。但在长期的发展中，这些国家逐步接受了中原的礼乐文化，成为华夏民族的一分子。在战争实践中，这些国家也会因遵守战争规则而受到赞许。以楚国为例，楚庄王曾借平定陈国内乱之机，灭陈为县。大夫申叔时对他的行为提出了批评，认为"诸侯之从也，曰讨有罪也。今县陈，贪其富也"。[2] 楚庄王立即认识到"县陈"会在诸侯中造成不良的政治影响，就让陈复了国。对于楚庄王的做法，孔子赞叹道："贤哉楚庄王！轻千乘之国而重一言。"[3] 楚庄王不灭陈而让陈复国，合于"兴灭国，继绝世，举逸

---

① 罗志田：《夷夏之辨的开放与封闭》，《民族主义与近代中国思想》(修订版)，三民书局 2011 年版，第 37 页。转自尹波涛、周伟洲：《天下、中国与夷夏：近年来相关研究述评》，《西域研究》2017 年第 1 期。

② 《左传·宣公十一年》。

③ 《史记·陈杞世家》。

民"①的古礼，故而会得到孔子的赞美。邲之战后，有人建议楚庄王"筑武军而收晋尸以为京观"，以此示之子孙，以无忘武功。楚庄王说："夫文，止戈为武。……夫武，禁暴、戢兵、保大、定功、安民、和众、丰财者也，故使子孙无忘其章。今使二国暴骨，暴矣；观兵以威诸侯，兵不戢矣；暴而不戢，安能保大？犹有晋在，焉得定功？所违民欲犹多，民何安焉？无德而强争诸侯，何以和众？利人之几，而安人之乱，以为己荣，何以丰财？武有七德，我无一焉，何以示子孙？"②楚庄王反复陈述的武之七德，集中反映了当时人们对于战争的理解和认识，止戈为武，表达的也是要以德服人的思想。

——五、天下观与战后治理的理想范式

人类的战争史表明，战胜国对于战败国的不同处置方式，会直接影响到战后和平的长度和质量，因此，如何合理规范战后秩序，妥善制定战争善后措施，进而实现战争之后的正义，也是战争法研究的重要问题。

随着战争形态与战争方式的发展和演变，人们在战争目的论上

---

① 《论语·尧曰》。

② 《左传·宣公十二年》。

经历了从服人到兼并的嬗变，这两种不同的战争目的论反映了中国古人对如何恢复和重建天下秩序的不同构想，并直接导致战胜国对战败国不同的处置方式，进而影响到具体的战争善后措施：

（一）通过"服人"实现"天下"和谐

如前文所述，中国思想家建构的"天下"概念，之所以成为最大的空间单位，是把"外部"包容在"天下"空间的结果，即"天下无外"，"天下一家"。《礼记》中说："大道之行也，天下为公，选贤与能，讲信修睦。故人不独亲其亲，不独子其子，使老有所终，壮有所用，幼有所长，矜（鳏）寡孤独废疾者皆有所养。男有分，女有归；货，恶其弃于地也，不必藏于己；力，恶其不出于身也，不必为己。是故谋闭而不兴，盗窃乱贼而不作，故外户而不闭，是谓大同"①（《礼记·礼运》）。"天下大同"的终极目标是"四海之内，皆兄弟也"，是"以天下为一家，以中国为一人"。

以天下为一家，就产生了无外原则。天下无外，意味着以"天下"为维度的世界是一个没有异端和严格意义上的他者的世界，"与本土不同的他乡只是陌生的、遥远的或疏远的，但并非对立的、不可容忍的和需要征服的"。②因而"天下"的各个国家，虽然是不同的政治实体，但它们并非分裂的、冲突的，而应该是可以和谐共处的。杜维明在论及中国传统价值观时说："普罗米修斯式的挑

---

① 陈澔：《礼记集说》，上海古籍出版社1987年版。
② 赵汀阳：《天下体系——世界制度哲学导论》，江苏教育出版社2005年版，第5页。

战和浮士德式的焦虑，与东亚思想所珍视的和谐——既作为社会目标又作为宇宙理想的和谐——的价值是不一致的。相反，人的意志的真正表现应视为是最终的自我转换，是一种自我解放而不是对内对外的征服。"①一体意识与和谐追求是中国古代价值观的核心内容，也是理解"天下"理念的基础。

在中国古代主流思想中，国家间关系的伦理主要在于德化，即"远人不服，则修文德以来之"（《论语·季氏》）②，以道德上的权威和文化上的吸引力实现国家之间的和谐共处。在这样的关系中，没有修昔底德笔下雅典人的那种"强权即公理"逻辑，国家之间的关系应该是和谐的，应该像家族中的兄弟一样相互包容，即便有了纷争，暴力的使用也应该控制在有限的范围之内。

国家关系的"德化"原则，引入战争领域就导致战争目的上的"服人论"。以春秋中期为界，在此之前的战争，"服而舍之"是指导战争的重要原则。在这一原则的指导下，战胜国对于战败的国家就要体现出宽容态度。在取得军事上的胜利以后，便要及时停止军事行动，给予敌方以继续生存的机会。这就是《司马法》中所说的"穷寇勿追，归众勿迫"（《司马法》佚文）③，"围其三面，开其一面，以示生路"（《司马法》佚文）④。在讨伐了有罪之国，完成了战争使命之后，则要"王及诸侯，修正其国，举贤立明，正复厥职"（《司

---

① ［美］杜维明：《儒家思想新论——创造性转换的自我》，江苏人民出版社1996年版，第17页。
② 朱熹：《四书集注·论语集注》，中华书局1983年版。
③ 范晔：《后汉书·卷七十一·皇甫嵩传》注引，中华书局1965年版。
④ 杜佑：《通典·卷一六〇》引，中华书局1984年版。

马法·仁本第一》)①，而且要保留它的宗庙系统，即"兴灭国，继绝世，举逸民，天下之民归心焉"(《论语·尧曰》)②；对于敌国的百姓和财物，也要爱护："入罪人之地，无暴神祇，无行田猎，无毁土功，无燔墙屋，无伐林木，无取六畜、禾黍、器械。见其老幼，奉归勿伤。虽遇壮者，不校勿敌。敌若伤之，医药归之"(《司马法·仁本第一》)③；在交战中对于俘获的敌国之君，更应以礼相待："其有殒命以行礼，如会所用仪也。若殒命，则左结旗，司马授饮，右持苞壶，左承饮以进"(《司马法》佚文)④。意思是若俘获战败国之国君，则应行殒命之礼。行礼之时，战胜一方要将战车上饰有的各种旌旗收起来，司马之官右手持匏壶，左手持酒杯，向对方国君两拜稽首，有时还献璧一双，以臣礼示之。这一规则所表达的也是对于同属于一个"天下"的敌国之君，即便战败被俘，也应以国君之礼对待。

总之，夏商周三代的战争，更多的是以服人为基本目的和宗旨，因而在战争善后措施上，就体现出宽容和节制的特点，多以双方妥协或敌方屈服为结局，而彻底消灭对方武装力量、摧毁对方政权的现象则比较罕见。宗法伦理关系以及在此基础上的道德准则与亲和情感，对于协调诸侯国家之间的关系、维护"天下"秩序的和谐稳定，发挥着不可替代的作用，战争手段的运用，也只有在伦理

---

① 《司马法》，上海古籍出版社1990年版。

② 朱熹：《四书集注·论语集注》，中华书局1983年版。

③ 《司马法》，上海古籍出版社1990年版。

④ 洪亮吉：《春秋左传诂·成公二年疏引》，中华书局1987年版。

关系及其准则无法发挥作用的情况下，才是可取的，并且只能以维护和恢复"天下"秩序为限度。即"叛而不讨，何以示威？服而不柔，何以示怀？非威非怀，何以示德？"（《左传·文公七年》）①一旦"天下"秩序得到恢复，就应该及时结束军事活动，宽恕战败国，以道德及情感原则协调与整合国家关系，达到以德服人，使战败国民心归附，实现天下秩序和谐的目的。

（二）通过"兼并"重构"天下"等级

春秋晚期一直到战国，列国之间以兼并为目的的战争，渐渐取代了以服人为目的的战争。"滑然道德绝矣……贪饕无耻，竞进无厌，国异政教，各自制断；上无天子，下无方伯；力功争强，胜者为右；兵革不休，诈伪并起"（《战国策》）②，战争的残酷性达到了新的程度。《孟子》中"争地以战，杀人盈野；争城以战，杀人盈城"（《孟子·离娄上》）③，就是形象的描述。

战争目的从服人到兼并的嬗变，所表达的深层含义在于天下秩序的变化。在中国思想家眼里，"天下"是包含着上下尊卑等级的，"天下"的和谐也是等级制下的和谐。"凡天子者，天下之首也。何也？上也。蛮夷者，天下之足也。何也？下也。"④"天下一家"并

---

① 杨伯峻：《春秋左传注》，中华书局 1990 年版。
② 刘向集录：《战国策》，上海古籍出版社 1985 年版。
③ 朱熹：《四书集注·孟子集注》，中华书局 1983 年版。
④ 班固：《贾谊传》，《汉书》卷四十八，上海古籍出版社 1986 年版。

非对全人类的认同，而是"一家"之内分尊卑；"四海之内皆兄弟"并不表示兄弟同处平等地位，而是"兄弟"之间也分长幼。正如《荀子》所说："先王恶其乱也，故制礼义以分之，使有贫、富、贵、贱之等，足以相兼临者，是养天下之本也。"① 等级被认为是社会和谐之必需，是天下之本。因此，维护和恢复天下秩序，就要确认"天下"体系中各个政治实体的等级，即所谓的"维齐非齐"。在当时的思想家们看来，春秋战国的兵连祸结，原因就在于"天下"的等级遭到了破坏，要改变这样的现实，从乱世走向治世，就要尽快恢复"天下"的等级有序。

如前文所述，夏商周时期，维系天下秩序的纽带是宗法血缘关系及建基于此的道德和情感原则，"天下"的等级划分，也是以宗法关系为基础的。与天子的远近亲疏关系不同，诸侯国的权利与义务也不同。而到了力功争强的战国时期，列国之间的血缘关系已经瓦解，为适应列国相争的需要，很多思想家开始从现实的角度思考战争。他们肯定兼并战争的合理性，在他们看来，礼乐的崩溃已是不可抗拒的时代潮流，恢复天下秩序的唯一途径就是通过战争，确立新的"天下"等级，并最终实现天下的统一。与三代的传统所不同的是，这一时期的思想家开始把实力因素引入天下秩序的构想，在他们看来，理想的"天下"秩序固然是等级有序的，但等级划分的标准不是宗法伦理关系而是国家实力。商鞅说"力生强，强

---

① 章诗同注：《王制》，《荀子简注》，上海人民出版社 1974 年版。

生威，威生德，德生于力"（《商君书·靳令》）①，"无力，则其国必削"（《商君书·农战》）②；韩非子说"力多则人朝，力寡则朝于人，故明君务力"（《韩非子·显学》）③，"四邻诸侯不服，霸王之名不成"（《韩非子·初见秦》）④，"夫王者，能攻人者也"（《韩非子·五蠹》）⑤，表达的都是这样的思想。

战争目的的变化，直接导致战争善后措施上的改变。著名军事家孙子主张："夫霸王之兵，伐大国，则其众不得聚；威加于敌，则其交不得合。是故不争天下之交，不养天下之权，信己之私，威加于敌，故其城可拔，其国可隳"（《孙子·九地篇》）⑥。在其他篇章中他也多次讲到与诸侯国斗争乃至消灭诸侯国的战略策略问题，如在《九变篇》说，"屈诸侯者以害，役诸侯者以业，趋诸侯者以利"，《谋攻篇》中说的"毁人之国"等，孙子提出的拔"其城"、隳"其国"的思想显然是与以往《司马法》"又能舍服""正复厥职"对立的。在对战败国的惩罚措施上，孙子的主张也趋于严厉：孙子宣扬"因粮于敌"，主张"掠于饶野""掠乡分众"。据《墨子·非攻（下）》记载，这一时期的战争胜利者："入其国家边境，芟刈其禾稼，斩其树木，堕其城郭，以湮其沟池，攘夺其牲

①　蒋礼鸿：《商君书锥指》，中华书局 1986 年版。

②　同上。

③　姜俊俊标校：《韩非子》，上海古籍出版社 1996 年版。

④　同上。

⑤　同上。

⑥　曹操等注，袁啸波标校：《孙子》，上海古籍出版社 1995 年版。通行各本作"霸王之兵"。银雀山汉墓竹简本作"王霸之兵"，更符合孙子本意。

牲，燔溃其祖庙，刭杀其万民，覆其老弱，迁其重器"（《墨子·非攻（下）》）。[1] 显然，三代时期盛行的"不杀老弱，不猎禾稼，服者不禽（擒），格者不舍，犇（奔）命者不获。……不屠城，不潜军，不留众，师不越时。故乱者乐其政，不安其上，欲其至也"（《荀子·议兵》）[2] 的战争规则已经被破坏殆尽。对战败国这种掠夺式的处置方式，最终的目的还是尽快消灭敌方的有生力量，摧毁敌方的战争能力，取得兼并战争的胜利，建立一个以实力为划分标准的等级有序的"天下"秩序。

由此可见，中国古代战争规则的产生与式微，与天下秩序的建立与崩溃有密切的联系，上古三代时期发展起来的天下情怀与道德理性，规定了早期战争规则的基本价值走向，尽管春秋末期已经"礼崩乐坏"，王权衰微，诸侯并起，政治现实发生了很大变化，但人们在思想上依然相信"天下"最终要定于一，那些争霸图强的诸侯国在意识形态上并没有寻求新的统治逻辑。商鞅说："故以战去战，虽战可也；以杀去杀，虽杀可也"（《商君书·画策》）[3]，战争的最终目的是为了"去战"，即为了结束列国纷争、连年混战的局面，达到统一中国、实现和平的目的。此后秦汉大一统帝国的建立，在相当程度上恢复了"天下"秩序，天下兴衰的传统最终取代了政治实体之间的冲突，中国古代战争规则所体现出的道德精神，也成为中国传统军事文化的重要内容，长久地影响着中国人的战争行为。

---

① 孙诒让：《墨子间诂》，中华书局 2001 年版。
② 章诗同：《荀子简注》，上海人民出版社 1974 年版。
③ 蒋礼鸿：《商君书锥指》，中华书局 1986 年版。

第二章

兵与刑：中国古
代战争法溯源

如果我们能通过任何方法，断定法律概念的早期形式，这将对我们有无限的价值。这些基本观念对于法学家，真像原始地壳对于地质学家一样的可贵。这些观念中，可能含有法律在后来表现其自己的一切形式。[1]

——梅因《古代法》

刑起于兵，是法起源的中国路径。它表明中国古代法形成于战争或与战争有关的环境。其具体内涵学界常有两种说法：一种认为战争（征伐）就是刑罚，如"大刑用甲兵"；另一种则认为刑罚是在攻打异族过程中创设的。[2]"杀戮无辜，爰始淫为劓、刵、椓、黥。"[3]"流共工于幽州，放兜欢于崇山，窜三苗于三危，殛鲧于羽山，四罪而天下咸服。"[4]刑起于兵说明了法律与战争之间千丝万缕的联系。三代时期，军事打击与法律制裁还没有明确划分，人们普遍把用兵看作最严厉的刑罚，所谓"兵刑合一"。此后随着阶级分化、国家建立，兵与刑逐步分离，军事打击的对外性与法律制裁的对内性之间的差异不断强化，适用于本族的刑罚、礼制，与对外的战争行为规范，从内容到形式都显著不同，形成了各自不同的发展轨迹。据考证，这种具有对外属性的军事打击活动，演变至西周末

---

① ［英］梅因：《古代法》，沈景一译，商务印书馆 1984 年版，第 2 页。
② 参见韩国磐：《中国古代法制史研究》，人民出版社 1993 年版，第 12—18 页。
③ 《尚书·周书·吕刑》。
④ 《尚书·舜典》。

期到战国末年之间的诸侯国战争时，受到了类似于今天战争法规则的约束。这一时期的思想家们关于战争的思想和理论，以及史书记载的诸侯国战争活动中的一些习惯性做法，成为当代学者研究中国古代战争法的重要资源。这些与现代战争法某些方面看上去颇为类似的思想理论和实践做法，是如何产生发展的，以及为何只是在春秋战国时期大放异彩？对这些问题的回答，需要追溯中国古代战争法的起源。

—— 一、兵刑合一：战争的法律性缘起

"刑"字最早见于殷商甲骨文，写作"井"，用为人名或者国名。"刑"字在许慎《说文解字》中有两个：一个在"刀"部，"刑，到也"。段注曰："刑者，到颈也。"[1] 即用刀割脖子。另一个在"井"部，"刑"，"罚罪也。从刀井。易曰井者法也"。[2] 据此可知，刑从"井"部时，与法同义。许慎《说文解字》也说："法，刑也"，段玉裁对此的解释为："刑者，罚罪也。易曰，利用刑人以正法也。"中国古代，战争（征战）通称为兵。上述两种"刑"在远古时代和三代时期都与"兵"有密切联系：从"刀"

---

① （汉）许慎撰：《说文解字注》，（清）段玉裁注，浙江古籍出版社 1998 年版，第 182 页。

② 同上书，第 216 页。

部的刑就是形成于战争中的肉刑。例如，作为禹刑核心内容的肉刑，最早是苗民攻打异族时创设的，在舜帝镇压三苗后，把它吸收过来，发展为剕、劓、宫、墨、辟。到夏启夺取帝位时，因发生叛乱而引起战争，夏作禹刑。即"夏有乱政，而作禹刑"[①]。汤刑也是在乱政引起的战争中形成的，"商有乱政，而作汤刑"[②]。西周的九刑，也是来源于战争，"周有乱政，而作九刑"[③]。从"井"部的刑，强调刑是一种战争中用于惩罚异族的法律制裁。据《尚书·皋陶谟》记载，上古时代共有"有邦""兢兢""业业""一日""二日"五种死刑和"聪明""明畏"两种肉刑，都是以来自异族的邦民为处罚对象。[④]

法与兵的关系，大体可以说是刑与兵的关系。远古时代，兵刑不分、兵刑同制、兵刑合一已成为学界共识。从现存的古代典籍看，相关论证不胜枚举：

> 兵者，刑也。（《孙子注序》）
>
> 夫战，刑也。（《国语·晋语》）
>
> 大刑用甲兵，其次用斧钺，中刑用刀锯，其次用钻笮，薄刑用鞭扑，以威民也。[⑤]（《国语·鲁语》）
>
> 黄帝以兵定天下，此刑之大者。（《通典·刑法序》）

---

① 《左传·昭公六年》。

② 同上。

③ 同上。

④ 蔡枢衡：《中国刑法史》，广西人民出版社1983年版，第57页。

⑤ 上海师范学院古籍整理组校点：《国语》，上海古籍出版社1978年版。

"武、法不殊，兵、刀不异，巧论之人，不能别也"，"刑
之与兵，全众禁邪，其实一也"。(《论衡·儒增》)

著名学者钱锺书在分析了大量文献资料后指出："按兵与刑乃
一事之内外异用，其为暴力则同。……'刑罚'之施于天下者，即
'诛伐'也，'诛伐'之施于家、国者，即'刑罚'也。……兵之与
刑，二而一也。"[1] 刑起于兵、兵刑合一，不但可以用来说明中国古
代法起源的特殊路径[2]，反之也可以印证中国古代战争所蕴含的法
律属性，进而用以考察中国古代战争法产生的根源。兵与刑在上
古时代的合而为一，使得兵为刑注入了暴力性，"战争征伐、诛杀
之血，渗透到刑罚中"[3]；刑则为兵注入了罚罪性。据史书记载，夏
启、商汤、周武王率军出征前，都曾召集全军发布军令，夏有"甘
誓"，商有"汤誓"，周有"泰誓"。这些誓文中均有强调己方执掌
正义、以战惩恶的表述：

有扈氏威侮五行，怠弃三正，天用剿绝其命，今予惟恭
行天之罚。(《尚书·夏书·甘誓第二》)

有夏多罪，天命殛之。今尔有众，汝曰："我后不恤我
众，舍我穑事而割正夏？"予惟闻汝众言，夏氏有罪，予畏上

---

① 钱锺书：《管锥编》(第一册)，中华书局 1986 年版，第 285 页。

② 当然，关于刑起于兵能否被看作中国古代法的单一起源，学界仍有争论。如徐忠明认为，
中国古代法起源于诉讼审判 (参见徐忠明：《明镜高悬：中国法律文化多维观照》，广西师范大
学出版社 2015 年版，第 10 页)。

③ 赵晓耕：《罪与罚：中国传统刑事法律形态》，中国人民大学出版社 2012 年版，第 43 页。

帝，不敢不正。(《尚书·商书·汤誓第一》)

商罪贯盈，天命诛之。予弗顺天，厥罪惟钧。(《尚书·周书·泰誓第一》)

战争具有的罚罪功能，使战争的发动者不得不进行必要的战争的合法性论证，以此声明自己的正义和敌人的非正义，这与之后形成的中国古代战争法中强调正义战争的理念不无关联。

二、兵刑分离：兵与刑的内外异用 ——

兵刑合一，是从法的发生学意义上而言的。兵与刑的混同状态，随着军事首领权力的强化和独立的政治实体的形成，其分化是必然的。人类社会最初的战争起因于血族复仇，表现为被害者氏族全体成员对侵害者所属氏族成员的报复。"假使一个氏族成员被外族人杀害了，那么被害者的全氏族就有义务实行血族复仇。"[1] 这种复仇缺少程度上的限制，往往引起氏族间连续不断的征战。随着以血缘为纽带的家庭关系，取代以氏族为单位的生产生活方式，血族复仇演化为血亲复仇。[2] 因血族复仇导致的战

---

[1] 《马克思恩格斯选集》(第四卷)，人民出版社1995年版，第95页。
[2] 这一时期大致处于从氏族时期向部落时期过渡阶段。

争，逐渐被掠夺性战争取代。而复仇则沿着血亲复仇、同态复仇的发展轨迹，与战争日渐远离，成为犯罪与刑罚的原始形态。与血族复仇引起的战争不同，掠夺性战争是在氏族成员间的血缘关系日渐松弛的情况下发生的部落或部落联盟间战争，很难再以维护"亲亲之道"①作为战争目的。掠夺性战争主要目的是对维系部落生存资源的争夺。掠夺的资源在部落内部分配的不平等促使阶级产生；在外部，掠夺与被掠夺战争则加剧了部落之间的不平等。部落联盟军事首领的权力正是在这个过程中得以确立，并不断扩张和巩固。史书中记载的发生在部落联盟时期的几场战争，明显可见部落联盟军事首领权力的日益强大。《史记·五帝本纪》记载："轩辕乃习用干戈，以征不享，诸侯咸来宾从。"《左传·哀公七年》记载："禹合诸侯于涂山，执玉帛者万国。"万国是指当时的众多部落，他们需执礼见禹。《国语·鲁语下》："禹致群神会稽之山，防风氏后至，禹杀而戮之。"这时，部落联盟军事首领禹已拥有了生杀专断之权。到帝尧后期，部落联盟体制走向邦国体制，酋长之权走向了邦君之权，国家以及王权的雏形出现。②

　　权力是有空间限制的。③军事首领的权力在超越本氏族、本部

---

① 吕思勉：《吕思勉读史札记》，上海古籍出版社 1982 年版，第 382 页。

② 有学者称颛顼、帝喾、尧、舜、禹时期的联盟为"族邦联盟"或"邦国联盟"，以区别"部落联盟"。他认为，族邦联盟发展到大禹的时候，禹的身份开始具有双重性，即本邦的国君（邦君）和执掌联盟的盟主，这就是王权的萌芽（王震中：《中国古代国家的起源与王权的形成》，中国社会科学出版社 2013 年版，第 429 页）。

③ 参见王震中：《中国古代国家的起源与王权的形成》，中国社会科学出版社 2013 年版，第 244 页。

族、本部落联盟，迈向邦君之权、王权的过程中，如何维持其在更大空间范围内的有效性是一个关键问题。恩格斯说："政治统治到处都是以执行某种社会职能为基础，而且政治统治只有在它执行了它的这种社会职能时才能维持下去。"① 因此可以说，当部落联盟军事首领的权力不断扩张时，这个权力就必须在更大范围内承担起社会管理职能，领兵征伐的军事权与之成为内外有别的两种不同权力。"君人者，刑其民成，而后振武于外。"兵与刑的内外之用成为强化军事首领权力的重要途径。用征伐对待异族，对内则严格执行刑罚，在执行效果上就是禁恶于内、振武于外。② 兵、刑分离已成定势。《辽史·刑法志》中描述了这一变化："刑也者，始于兵而终于礼者也。鸿荒之代，生民有兵，如蜂有螫，自卫而已。蚩尤惟始作乱，斯民鸱义，奸宄并作，刑之用岂能已乎？帝尧清问下民，乃命三后恤功于民，伯夷降典。折民惟刑。故曰刑也者，始于兵而终于礼者也。"文一戈先生也认为，"随着私有制的发展，战争就从血族复仇的手段，变成掠夺的手段。这时，氏族间的战争，不但加强了军事首领的权力，促进了国家的形成，也促进刑罚的发展，使刑与兵逐渐分开，并适应国家制度日益发展的需要而产生了专门的

---

① 《马克思恩格斯选集》（第三卷），人民出版社 1995 年版，第 523 页。

② 据考证在部族时期，"刑"可能就已存在内外之别。如日本学者小岛祐马认为，中国古代的刑罚起源可以区分为族外制裁和族内制裁。五刑（即死刑与肉刑）原来是作为对付异族人使用的刑罚而产生的，对同族人的制裁是由另一个放逐刑与赎刑构成的刑罚系统（刘俊文主编：《日本学者研究中国史论著选译·法律制度》（第八卷），中华书局 1992 年版，第 22 页）。当然，也有持一元论观点的学者，如日本学者滋贺秀三认为，战争时事态紧急、群情激昂的环境，很容易造成不用放逐刑而动用五刑这种直接制裁手段，受刑对象除了战俘，也包括己方的军纪违反者。

刑法"。①

使用"刑""兵"时区分对象、范围或顺序，在古代典籍里十分多见：

> 内行刀锯，外用甲兵。(《商君书·画策》)

> 三代之盛，至于刑错兵寝者，其本末有序，帝王之极功也。(《汉书·刑法志》)

> 古人有言："天生五材，民并用之，废一不可，谁能去兵?"鞭笞不可弛于家，刑罚不可废于国，征伐不可偃于天下。用之有本末，行之有逆顺耳。(《汉书·刑法志》)

> 故教笞不可废于家，刑罚不可捐于国，诛伐不可偃于天下。(《史记·律书》)

> 夫能使一人不刑，则能使一国不伐；能使刑错不用，则能使兵寝不施。尧伐丹水，舜征有苗，四子服罪，刑兵设用。成王之时，四国篡叛，淮夷、徐戎，并为患害。夫刑人用刀，伐人用兵，罪人用法，诛人用武。(《论衡·儒增》)

不过，值得注意的是，在中国古代，由于内战与外战、公敌与私敌的区别并非绝对的，兵与刑的分离也是相对的，这一特点也始终是影响中国古代战争法内在品格的重要因素。

---

① 文一戈：《我国古代法中的五刑》，《法学》1983 年第 5 期。

三、中国古代战争法的形成 ——

"刑者，政事也。"①兵刑分离，"刑"朝着治理国事的方向发展为国家法度。②而作为曾与刑同样具备罚罪性质的"兵"，在经历血族复仇、部落联盟战争，直至中国古代国家形成后的诸侯之战的过程中，由于相对独立的政治实体的出现、宗法观念向战争领域的蔓延，以及战争参与者共享文化理念的形成，慢慢具备了一种自我限制的品质，约束战争的理性化的各种规范，被战争各方所遵守。中国古代战争法至此形成。

（一）相对独立的政治实体

现代战争法调整交战各方之间、交战方与中立国及其他非交战国之间的关系，以独立平等的民族国家的存在为前提。中国古代国家不是民族国家，但从夏代国家建立到秦完成大一统这段时间里，政治制度经历了夏商两代的氏族封建制、周的宗法封建制。③所谓封建，即封土建国，封建制政权系统中的

---

① 《杜牧集系年校注·樊川文集·卷第十·注孙子序》，中华书局 2008 年版。

② 西周早期，刑字出现了动词"效法"的义项，仍写作"井"。西周中期后，该字出现了"井"的新写法，同时增添了名词"法度"的新义项。不过"法度"之义项依旧写作"井"。东周时代，特别是战国时代，井字分化出了更多的字形和义项，刑的"刑罚"含义应当出现于此时（王沛：《"刑"字古义辨析》，《上海师范大学学报（哲学社会科学版）》2013 年第 4 期）。

③ 参见晁福林：《夏商西周的社会变迁》，北京师范大学出版社 1996 年版，第 229 页。

邦国、方国、诸侯国等政治实体，对于处于"天下共主"地位的夏、商、周王朝而言，具有一定的独立性。这些相对独立的政治实体的存在，为中国古代战争法的形成奠定了主体方面的基础。

关于夏朝的国家结构，学界有"方国联盟"说、"城邦联盟"说、"早期共主制政体"说、"早期共主制下的原始联盟制"，等等。这些理论至少有一个共通之处，即夏代的国家结构脱胎于"前国家"时代的酋长制和邦君制，是较为松散的结构形式。不同之处是夏王朝成为众多族邦的"共主"。"夏后氏五十而贡。"[1]夏代出现的贡赋制度，说明了夏族的王邦地位，与其他族的属邦地位。但是这些属邦拥有固定的"国土"[2]、稳定的人口，以及相对独立的权力系统，构成了夏王朝中的"国中国"。这些要素与今天战争法中国家的形式要素已经较为接近。

商灭夏取而代之，从夏的一个属邦成为新的"天下共主"。其国家结构实行内服、外服制。根据《尚书·酒诰》记载，商王属下分为内服、外服。内服为：百僚、庶尹、亚服、宗工和百姓里君。外服为：侯、甸、男、卫和邦伯。内服即为商王直接控制的地区，后世称为"王畿"。外服即甲骨文中商的"四土"，是王畿之外诸侯邦国分布的区域。商王在王畿内实行直接统治，外服的属邦有向商王纳贡的义务，但商王对外服属邦只能实行间接统治。[3]可见，在

---

① 《孟子·滕文公上》。

② 王邦直接控制的地区后世称为"王畿"。

③ 参见王震中：《商代都邑落结构与商王的统治方式》，《中国社会科学》2007年第4期。

商代，属邦相对于商王朝而言，同样具有相对的独立性。根据考古发现，到了商晚期，商王对王畿内有些贵族的城邑都只能是间接性支配。

夏、商王朝的国家结构总体上仍被认为是较为松散的"方国部落联盟""城邦联盟""早期共主制政体"或"早期共主制下的原始联盟制"，周王朝的建立打破了这一格局，出现了"以分封制为核心的崭新政治局面"[1]。分封在夏代就已出现，成为正式的国家制度则在周代。周公平定三监之乱后，总结历史经验，"吊二叔之不咸，故封建亲戚以蕃屏周"。[2]古书记载周代分封的国家数量很多：

> 周之所封四百余，服国八百余。（《吕氏春秋·观世》）
>
> 周公监制天下，立七十一国，姬姓独居五十三人。（《荀子·儒效》）

相比夏商两代的国家结构，西周的分封制大大强化了王权对诸侯国的控制。但"西周这种对天下的最高统治权实际上是被分割了的，由天子分别授予了庶邦的邦君。所谓'授民授疆土'就是指这种统治权由天子到邦君的转移。而邦君一旦被赋予这种统治权，在领地之内就有相当大的独立性"。[3]

---

① 晁福林：《夏商西周的社会变迁》，北京师范大学出版社 1996 年版，第 138 页。

② 《左传·僖公二十四年》。

③ 赵伯雄：《周代国家形态研究》，湖南教育出版社 1990 年版，第 94 页。

（二）共享的文化理念

法的出现在文化层面上意味着一定群体对某种秩序的共同想象和期待。战争法的产生是一定区域范围内相对独立的政治实体对战争的理性化诉求，这背后需要共享的文化理念的支撑。阿瑟·努斯鲍姆分析古希腊城邦国家间"国际规则"（包括战争规则）产生的根源时认为，尽管有政治上的分离与不和，但希腊人强烈地感觉到他们属于同一种族、文化、语言和宗教共同体。从这一情感与实际政治情势的冲突中演化出了希腊城邦国家之间的宗教—法律纽带的复杂关系，这个体系抵消和减弱了由分裂与对抗带来的严重后果。所以，苏格拉底曾说，若希腊人之间的战争不可避免，那么也应以有节制的方式进行。共同的宗教文化让古希腊人在城邦之间的战争中，对敌人的攻击有了一定的克制，形成了若干规则。虽然阿瑟·努斯鲍姆认为这些规则与国际大家庭无关，与现代国际法的相似也只是巧合。但他承认，这些规则是种族和文化上的统一性的一种表达。[①] 中国古代战争法的产生，就与这种种族和文化统一性的形成有关。

中国古代，随着氏族向部落、部落联盟、部族以及王朝国家的不断演化，血缘关系被逐渐弱化，地域与文化上的差异成为新的标识。夏朝已经是一个多部族的王朝国家，到了周代，周公称周族为

---

① ［美］阿瑟·努斯鲍姆：《简明国际法史》，张小平译，法律出版社 2011 年版，第 9、12 页。

"有夏""区夏"，以表明周族与夏族的渊源。这基本可以说明，此时"夏"的涵义已经超出最早的仅指"夏族"的用法。夏民族，区别于夏部族的民族共同体已经形成。它意味着本民族在衣冠服饰、礼仪典章方面与四夷的不同，更进一步讲，意味着某种文化共通性。当有了这种文化共通性，在面对诸多问题时，才有了达成规则共识的前提，并自愿将其作为处理"国家间"关系的准则，包括战争法规则。正是因为这样，"华夏""诸夏""诸华"这类强调华夏族一体性的用语在春秋战国时期最为流行[①]，而中国古代战争法思想也正是在此时达到了它的鼎盛状态。

（三）宗法观念与战争礼的形成

卡尔·施米特在《大地的法》一书中分析了特定空间秩序对于战争法产生的意义。他认为，国际法的逻辑基础在于一个均衡的空间结构。但这一点用来分析中国古代战争法仍然是不够的。在中国古代以中原地区为核心的地域空间中，各邦国、诸侯国之间在长期共存中，形成了一定的均衡态势，它们意识到战争的残酷性与不可避免，为维持自身的生存发展希望规训战争。更为重要的是，西周时的宗法制度创造性发展了夏商两代的等级结构，以国家正式制度的形式反复实践，使依据等差秩序建构的权力、权利、义务观念

---

① 如《左传·闵公元年》："戎狄豺狼，不可厌也；诸夏亲昵，不可弃也。"《春秋·公羊传》："……内诸夏而外夷狄。"《左传·襄公四年》："劳师于戎，而楚伐陈，必弗能救，是弃陈也。诸华必叛。戎，禽兽也。获戎失华，无乃不可乎！"

深入人心。如果战争可能破坏这一秩序，就会引发恐惧、不满和反对，人们希望战争受到控制，规范战争的规则就应运而生了。

宗法制度早在氏族时期就有所萌芽，但作为"一种维系贵族间关系的完整制度"①，则是在周代。宗法制与分封密不可分。周王朝对于分封出去的子弟，一方面希望他们拥戴周王朝统治，另一方面又希望他们相对自立，在宗族关系上要求建立新族，这就是《左传·隐公八年》所说的"天子建德，因生而赐姓，胙之土，而命之氏，诸侯以字为谥，因以为族"。按照晁福林先生对二者关系的阐释，宗法是通过分封制的实施而形成的贵族间关系网的脉络。②

为了维护宗法制，周王朝发展出一整套礼制。宗法制与礼的关系，类似于我们今天法所确认的社会关系与法的形式之间的关系，即法的实质内容与表现形式的关系。以礼为表现形式的宗法制度的本质，是依据血缘关系划定的贵族内部的等级地位，并以此确定贵族的身份、土地、财产，目的是防止贵族间的争夺。

> 先王之法，立天子不使诸侯疑焉，立诸侯不使大夫疑焉。疑生争，争生乱。是故诸侯失位则天下乱，大夫无等则朝廷乱，妻妾不分则家室乱，嫡孽无别则宗族乱。(《吕氏春秋·慎势》)

---

① 晁福林：《夏商西周的社会变迁》，北京师范大学出版社 1996 年版，第 360 页。
② 周人依据宗法关系进行分封，分封造成社会等级间亲疏远近不一的血缘关系网，其中贵族关系网的脉络就是宗法（参见晁福林：《夏商西周的社会变迁》，北京师范大学出版社 1996 年版，第 266 页）。

　　抛开现代民主国家产生于公民平等自决基础上的法不论，仅从法作为调控社会秩序的手段这一性质出发，西周时期的礼制实际上就是在贵族内部设定处理社会关系的准则，无疑就是一种法律。礼被当时的人们认定为"法"，成为自身活动的准则并用以评判他人品行。据记载，鲁国新兴的封建贵族违背周礼擅自改变了一种叫作"觚"的礼器的形状，孔子得知后，气愤地说："觚不觚，觚哉！觚哉！"① 再有，季孙氏身为大夫，用六十四个人在自己的庭院中奏乐舞蹈。按礼制，只有天子才能享用。"孔子谓季氏：'八佾舞于庭，是可忍，孰不可忍也？'"② 贵族改变礼器形状、大夫僭用天子之礼乐都是违背礼制的行为，遭到孔子的批判。

　　当中国古人用宗法观念去思考战争时，产生了许多关于正义战争、合法战争权以及作战规则的认识。他们将这些认识应用于中国古代战争实践，形成战争中约束己方和评判敌方的许多规则。这些就是中国古代战争法的早期形态。

---

① 《论语·雍也》。

② 《论语·八佾第十三》。

第三章

仁与利：中国古代
战争法的价值体系

价值属于"应然"的领域，和人的意志、感情有密切的关系；法律是一种行为规范，而行为规范就是人的行为的"应然"目标或标准。因此，庞德说："价值问题虽然是一个困难的问题，但它是法律科学所不能回避的。即使是最粗糙的、最草率的或最反复无常的关系调整或行为安排，在其背后总有对各种相互冲突和互相重叠的利益进行评价的某种准则。"①实证主义的法学家为了追求法律的自治与科学化，曾设法将价值问题从法的领域中剔除，但他们却不得不在更为广泛意义的法的概念中继续考虑法的价值问题。②法的价值承载着一定历史时期人类对于法的主体认知和需求，它在具有普遍性的同时，又凝结成不同法域的法律发展史中的"民族意识"或"民族精神"，使得法律的生长过程成为连续性与跳跃性的统一体，失去价值取向的法律正如没有灵魂的躯体或者没有意志的行为。因此，对于法的价值的研究是透视特定历史时期民族精神的一个切入点，也是从法律文化的传承角度解读法律思想的立足点。从普遍意义上讲，中国古代战争法所致力的目标，就是实现古代中国战争领域的秩序化和理性化，在最大程度上控制战争所产生的危害。但从个性意义上讲，这些价值取向却又是这一特定历史时期华夏民族精神区别于其他民族的特质。

中国古代战争法的价值取向经历了从"仁"向"利"转变的过

---

① ［美］罗斯科·庞德：《通过法律的社会控制》，商务印书馆2010年版，第50页。

② 例如约翰·奥斯丁认为法理学关注的乃是实在法，或严格意义上的法律，而不考虑法的道德性，但另一方面，他也认为，立法科学是伦理学的一个分支，其作用在于确定衡量实在法的标准。

程。其中有礼崩乐坏的缘故，也有春秋战国各诸侯国为图自保或称霸而不断觉醒的国家利益的驱使。

一、春秋早期以"仁"为价值取向的战争法思想

战争法思想的价值取向折射和塑造着一个时代的战争实践活动的特质。"仁"作为中国古代战争法思想的价值取向，是当时中国古代社会"仁为兵本，兵依仁用"的战争观念在战争法领域的理性反映，也是战争现实与道德理想主义博弈的结果。以儒家为代表的思想家，希望用"仁"的价值指导来消解战争的创伤，以至于在他们的眼中，战争或多或少演变为一种温情脉脉的道德比拼。

按照现代汉语对"仁"的解释（"仁爱"），"仁"与以暴力性对抗为前提的战争相去甚远。但是，无论将战争解释为来自个人自卫权的扩张性使用，还是一种国家主权的极端表现，只要战争幽灵依然在人类生活中徘徊，人类就不得不将"仁"纳入战争的框架中进行有限但务实的阐发，正如现代战争中的人道主义是以承认战争为前提条件一样。

中国古代的思想家也意识到了这一点。他们一方面受到早期"民本主义"思想的涤荡，对流血厮杀的战争深恶痛绝，另一方面

又深知适当的暴力是社会政治秩序稳定不可或缺的因素。于是，我们不难发现，这一时期的战争法思想呈现出"仁"的价值取向，同时，战争为"仁"勾勒的现实主义边界体现出中国古代战争法思想的时代特征。

（一）《司马法》的"仁"本主义与战争目的边界

周灭殷商之后，周人在朝代的更替中看到了"皇天上帝改厥元子"，在否定天命永恒的基础上以"皇天无亲，惟德是辅"为自己的政权进行合法性辩护。"德"的政治观念在小邦周战胜大邦殷的过程中，自然地生发出"亲民爱民"的意蕴来。因此，"仁"作为对一种行为的价值反思或者道德判断的思想内涵，在西周时期就已开始向社会政治军事领域蔓延，表现在战争上，就是战争中的"仁"本主义倾向。《司马法》是我国历史上占据重要地位的一部"军法"著作，[①] 它反映了西周和春秋时期的军事思想概貌，其中有很多内容涉及战争行为规制，在这些具体的战争原则与规则中，"仁"本主义思想几乎被发挥到了战争状态所能容忍的极致。但不能忽略的是，《司马法》又是以直面战争的存在为其基本态度的，

---

① 此处谓之"军法"著作而不用传统的"兵书"指代，观点取自黄朴民《中国古军礼的丰碑——〈司马法〉鉴赏》（参见《〈武经七书〉鉴赏》，军事科学出版社 2002 年版，第 183 页）。关于《司马法》的作者及成书年代，在理论界尚存争议，但通说基本将其归入春秋晚期齐国军事家司马穰苴名下。关于《司马法》记载的内容已成定论。"司马"是古代官职，据《周礼·夏官司马》说，西周时代司马的职权是掌管征伐，统御六军，平治邦国。因此《司马法》是以追述古代军礼或军法，即古代军队编制、阵法操练、旌旗鼓铎的使用以及爵赏诛罚的各种规定为主的一部军事法著作。

尽管它言必称"仁"，但在战争为"仁"提供的参考系中，"仁"与战争这对看似矛盾的因素达到了一种辩证的和谐统一。

《司马法》中的战争法思想在处理"仁"与战争的关系问题时，是通过"仁"对战争目的的道德制约实现的。《司马法》开宗明义指出："古者，以仁为本，以义治之之谓正。"这在原则上确立了"仁"的根本性地位。那么战争存在的价值是什么呢？"正不获意则权。权出于战，不出于中人。"① 当用正常的仁爱方式不能达到有效治理国家的目的时，就应当选择战争。战争在这里被赋予了一种不可替代的工具主义价值。使用战争这样具有极大杀伤力的工具的界限要依靠战争目的来框定："是故杀人安人，杀之可也；攻其国，爱其民，攻之可也；以战止战，虽战可也。"② 如果杀掉坏人而使好人得到安宁，那么杀人是可以的。如果进攻别国是出于爱护该国民众的目的，那么攻打是可以的。通过对战争目的的"仁"本主义道德制约，战争的工具性价值与"仁"这一实体价值产生了关联，即如果战争的目的是"仁"，那么，实施战争就具备了合法性。

到此为止，我们似乎看到了一种主观决定论的倾向，即战争目的的"仁"，决定了战争本身的"仁"。如果《司马法》的"仁"本主义仅仅停留于此，它就会沦为一种虚无的主观道德论。相反，《司马法》在宣战程序、用兵原则和作战规则上将"仁"推进了一

---

① 《司马法》，上海古籍出版社 1990 年版。

② 同上。

步，从而实现了主观战争目的与客观战争行为标准在"仁"上的统一。在宣战程序上，《司马法》强调"遍告于诸侯，彰明有罪。乃告于皇天上帝日月星辰，祷于后土四海神祇山川冢社，乃造于先王。……"①这些带有宗教神性色彩的宣战程序可以被视为对战争目的——"仁"的道德论证。而为了证明战争目的在道德上的优越性，《司马法》要求，发动战争应当遵守的原则是："不违时，不历民病，所以爱吾民也；不加丧，不因凶，所以爱夫其民也；冬夏不兴师，所以兼爱其民也"②；作战时应当"入罪人之地，无暴神祇，无行田猎，无毁土功，无燔墙屋，无伐林木，无取六畜、禾黍、器械，见其老幼，奉归勿伤。虽遇壮者，不校勿敌，敌若伤之，医药归之"③。此外，《司马法》在战争中的武力使用和战后对战俘的处置问题上进一步将"仁"发展出"义""信""勇"等具体德目："逐奔不过百步，纵绥不过三舍，是以明其礼也；不穷不能而哀怜伤病，是以明其仁也；成列而鼓，是以明其信也；争义不争利，是以明其义也；又能舍服，是以明其勇也。"④

可见，《司马法》以战争目的的仁本主义取向为边界，并在此基础上勾勒出具体作战原则和规则的仁本主义轮廓，既使"仁"这种社会公共道德在战争领域得以延续，又使战争中的"仁"具备了较强的可操作性。

---

① 《司马法》，上海古籍出版社 1990 年版。
② 同上。
③ 同上。
④ 同上。

（二）孔子的"爱有等差"与战争的合法性

"仁"到了孔子这里，首次成为一个严整的哲学范畴。《论语》中讲到"仁"的有一百多处。从字源上看，"仁"字的原形起源于"相人偶"的原始礼仪，这种礼仪是两个侧身的人面面相对，前倾双臂，弯腰屈腿，以此来体现人与人之间互表敬意，彼此平等。孔子继承了"仁"之本义，又顺应时代要求，在政治和道德实践过程中，将之理论化、系统化，赋予"仁"以政治伦理内涵。孔子对于"仁"的贡献不仅仅在于他沟通了作为个体纯粹伦理的"仁"与公共政治生活伦理中的"仁"，更为重要的是，他为自己所期望的政治秩序——礼，推寻出"仁"这个内在根据。葛兆光先生指出："要为这个社会秩序以及保证社会秩序的道德伦理寻找一个人们共同承认的，最终的价值依据和心理本原……在孔子的时代，他提出的是一个'仁'字，'礼'之所以必须'履'，是因为它符合'仁'，'名'之所以必须'正'，是因为这样才能达到'仁'。"[1]

孔子的"仁"的内在性是在与"礼"这个范畴的关联中显现出来的。《说文解字》云："礼，履也，所以事神致福也。"在人类社会初期，礼本是祭祀的行为和仪式。人一方面在祭祀活动严格的仪式中感受神的庇佑，另一方面，祭祀的仪式也被人们的感受和其自身的象征性强化成具有天然权威的事物。殷周时期的礼，无论

---

[1] 葛兆光：《中国思想史》第一卷，复旦大学出版社 2009 年版，第 95 页。

从祭祀对象、祭祀时间与空间，还是祭祀的次序、祭品等等方面看，都在追求一种上下有别、等级有序的格局。人们懵懂地体会到这种差序格局隐含着人间的伦理制度，并因其宗教神性的存在对这种格局深信不疑。到了孔子的时代，儒者们将人们对"礼"的观念进一步引申到社会政治领域："礼，经国家、定社稷、序民人、利后嗣者也"[1]（《左传·隐公十一年》），培养人们自觉遵守仪礼的习惯，做到"非礼勿视，非礼勿听，非礼勿言，非礼勿动"[2]（《论语·颜渊》），其目的是形成"君君臣臣父父子子"的天下一统、家国一体的宗法伦理秩序。"在孔子，礼脱离了宗教的范畴，成为人文世界里的规范和秩序。"[3] 但是，孔子所处的时代已濒临周礼崩塌的边缘，"礼"所具有的神性色彩不断受到来自"礼"的秩序破坏者们的挑衅。这些挑衅者们在打破外在规则的同时也动摇了人们对于"礼"之天经地义的内心确信。作为周礼捍卫者的孔子为应对这一时代挑战，转而为"礼"寻求一种人文主义的内在根据，这就是仁。

孔子的"仁"发端于人的内在体验，李泽厚先生评价孔子对"仁"的创造性贡献时说："孔子通由仁而开始塑造一个文化心理结构体，说得耸人听闻一点，也就是在制造中国人的心灵。"[4] 同时，孔子的"仁"的内在体验又是指向"合礼"这一外在实践

---

① 杨伯峻：《春秋左传注》，中华书局 1990 年版。

② 朱熹：《四书集注·论语集注》，中华书局 1983 年版。

③ 韦政通：《中国思想史》上，吉林出版集团有限责任公司 2009 年版，第 53 页。

④ 李泽厚：《论语今读》，生活·读书·新知三联书店 2004 年版，第 28 页。

的，"人而不仁，如礼何?"①（《论语·八佾》）"他赋予礼以内在理性
（仁）的基础，使礼的实践，成为内发的行为，以达到自我控制的
地步。"②由外（礼）到内（仁），孔子开始了"礼"之内在根据的
人文主义改造，由内（仁）到外（礼），孔子继续着他的社会政治
使命。

孔子面临的最紧迫的社会政治使命就是如何让那个时代的人们
走出战火连年的困境。因此，战争成为他必须关注的问题。但孔
子思考战争的路径不是军事层面的，而是通由政治到达军事，或
者说，他将战争问题放之于政治秩序的建构过程中进行解答，良好
政治秩序的重建与战争问题的解决在孔子那里是同步的。他奋斗的
政治目标是恢复西周的礼乐制度，建立一个"天下归仁"的世界。
"仁"是孔子所有政治思想（包括作为政治之延续的战争思想）的
最终价值归宿。

孔子首先以"爱人"来阐释仁，这一层次的"仁"是建立在人
的自然、自愿基础之上的，是人的本质属性。人皆爱己，这是人的
本能，在爱己的基础上，做到"己所不欲，勿施于人"（《论语·卫
灵公》），反过来己所欲者，也施于人，就是"仁"的最高境界。从
这一层次意思出发，"仁"与战争无涉。在孔子看来，当时频繁发
生的战争是"天下无道"的表现，他希望统治者"远人不服，则
修文德以来之"（《论语·季氏》），而不要借助于战争和暴力。在这

---

① 朱熹：《四书集注·论语集注》，中华书局 1983 年版。

② 李泽厚：《论语今读》，生活·读书·新知三联书店 2004 年版，第 53 页。

里，"仁"因具有消弭战争的道德力量而成为孔子否定战争合法性的内在根据。

其次，爱人之人与所爱之人有血缘亲疏的不同，以"爱人"为内容的"仁"也是一个推己及人的过程。也就是说，孔子之仁的根基是立足于对父母、兄弟血亲的爱，渐次扩大到"泛爱众"(《论语·学而》)，即对宗族的爱，再由对宗族的爱扩展到对整个华夏民族的爱。孔子非常看重家庭伦理秩序对于社会政治秩序的整合作用。"只有在家庭里，'礼'和'仁'才合乎理想地融合到一起。……正是在家庭里，人们才学会了如何行使权威以及如何服从权威，而且只有'仁'德之士二者得兼。家庭理想地成为德性的第一所学校，而且还是使好社会得以可能的那些价值的来源。"①但是，"在家庭内部，家庭生活的礼并不会自动实现，需要父亲充当权威与权力之活生生的本源。……这一点，对于整个社会政治秩序来说更是正确的"。②孔子认为民族之爱、国家之爱正是家庭之爱的放大，"君君，臣臣，父父，子子"不仅描述了孔子视野中家国同构的宗法伦理秩序，也表明了家国之爱的同质性。但必须明确的是，无论在家庭内部还是国家范围内，爱本身所蕴含的等级、权威与权力是不可忽视的。"爱人之仁"与君臣父子的等级血缘身份是联系在一起的，没有抽象的人，也没有普遍性的"仁"。所以，"爱人之仁"针对的对象的等级身份不同，仁的内容也有所差别，即所谓的"爱

---

① ［美］本杰明·史华兹：《古代中国的思想世界》，程钢译，江苏人民出版社 2008 年版，第 99 页。

② 同上书，第 69 页。

有等差"。

孔子在寻求等差之爱的标准时，又一次将目光投向了"礼"。礼这种外在标准为"爱有等差之仁"划定了清晰可见的边界。违礼的行为自然与"仁"背道而驰，"只有通过礼制途径，人们才能将其内在的把握自我的能力向社会显现出来，并在内部生成更高的杰出的道德能力——'仁'。"① 也只有通过践行礼的活动才能使"爱有等差之仁"得以不断巩固，从而夯实整个国家宗法伦理秩序的根基。

正因为孔子所谓爱人之仁的心理机制是由己及人的层层推进，精神实质是"别亲疏"的等差之爱，违背礼制意味着对爱之等差标准（礼）的破坏，也就意味着对"仁"的追求的落空，从这一点出发，"仁"不再与战争无涉，而成为战争行为追求的价值目标。无论是在战争理论层面还是在战争实践层面，孔子都肯定了战争对"仁"的价值追求的工具性价值，实现"仁"成为使用战争手段合法性的内在根据。孔子根据战争目的是否具有"仁"的取向，系统地提出了"义战"的理论，把战争区分为"义战"和"不义之战"，肯定和歌颂义战，孔子说："胡为其（战争）不祥也？圣人之用兵也，以禁残正暴于天下也；及后世贪者之用兵也，以刈百姓、危国家也"（《大戴礼·用兵》），在他看来，禁残正暴的战争，旨在救民于水火，是为实行仁政开辟道路，故而值得肯定。

与任何其他的价值判断相同，"义"与"不义"受判断主体所处地位、时空等诸多因素的影响。孔子对开战的正当理由的认识有

---

① ［美］本杰明·史华兹：《古代中国的思想世界》，程钢译，江苏人民出版社 2008 年版，第 78 页。

着鲜明的时代烙印和他对恢复周礼的主观偏好，对身处乱世的他而言，为恢复礼制而发动的战争就是正当的，恢复礼制是通过"正名"的方式完成的，因此，"正名"可以成为发动战争的正当理由。

据《左传·定公十二年》记载：

仲由季氏宰，将堕三都。于是孙叔氏堕郈。季氏将堕费，公山不狃、孙叔辄帅费人以袭鲁。公与三子入于季氏之宫，登武子之台。费人攻之，弗克。入及公侧。仲尼命申句须、乐颀下，伐之，费人北。国人追之，败诸故蔑。二子奔齐，遂堕三费。

这是历史上著名的"堕三都"事件。鲁国的郈、费、成三邑在自己的封邑内修建城墙，其高度都超过了"百雉"，且拥有甲兵，不符合礼的规定。时任鲁国大司寇的孔子建议鲁定公不惜使用武力，发动内战堕三都。可见，在孔子的政治实践中，严重的乱名行为就构成了开战的正当理由。类似这样的因僭越名分而发动的战争还有几处可见：

陈成子弑简公。孔子沐浴而朝，告于哀公曰："陈恒弑其君，请讨之。"

公曰："告夫三子。"

孔子曰："以吾从大夫之后，不敢不告也。君曰'告夫三子'者！"之三子告，不可。孔子曰："以吾从大夫之后，不

敢不告也。"(《论语·子路》)

孔子对齐国发动战争的理由是显而易见的,那就是齐国大夫扰乱名分的弑君行为。另,《论语》中有记载,鲁国贵族季孙以诸侯之卿的身份,却富于周公,而孔子的学生冉求为季孙聚敛而附益之,于是孔子号召弟子们对其鸣鼓而攻之,以暴力手段讨伐冉求。(《论语·先进第十一》)

在孔子屈指可数的战争实践中,孔子在面对违反礼制的行为面前没有显示出丝毫的对于运用战争手段的合法性的怀疑,究其原因,通过战争手段恢复礼制是他的目的所在,正如史华兹所言:"事实上,君子在某些情境里并不能逃避这样的责任,他要对武器使用的是否合理作出判断。"[①] 孔子为判断战争合法性(合理性)找到了外在的尺度——礼,而这个外在尺度的价值取向却是"仁",从这个意义上讲,为"复礼"发动的战争也是"仁",所谓"克己复礼为仁。一日克己复礼,天下归仁焉。为仁由己,而由人乎哉?"以战争为手段之一的克己复礼可以看作向"爱有等差"之仁的自觉性回归。

(三)孔子"正名"思想与战争权问题

孔子还根据"仁"的等差性设计了一套名位体系,提出了

---

① [美]本杰明·史华兹:《古代中国的思想世界》,程钢译,江苏人民出版社 2008 年版,第140 页。

他的"正名"理论。①"正名"作为孔子首倡的一种学说有着非常重要的思想史意义。在古代，孔子"正名"说不仅揭开了先秦诸子名辩思潮的序幕，还被铸造为一种名教的形式而渗透于儒家思想的方方面面。在孔子的视野里，"名分"是具有政治内涵的一个概念，名分具有使"礼"明确化、符号化的功能。孔子希望通过"正名"来确认或迫使社会承认"礼"的秩序的合理性。因"正名"而产生的政治需求反映在战争领域，就是用战争的手段达致"名正言顺"、恢复礼制的目的。以现代战争法的视角解读孔子的"正名"思想会发现，孔子的"名"与战争权密切相关。

在孔子之前，名已经具有了多种含义：有名号、名称之意，可衍伸为动词的命名、书写人名。如："子之能仕，父教之忠，古之制也。策名委质，贰乃辟也。今臣之子名在重耳，有年数矣，若又召之，教之贰也……"（《僖公二十三年》）有声名之名，又可扩展为名誉、名利、名节等。如："怀与安，实败名。"（《僖公二十三年》）有名位、名分之意。②名位代表一个人的政治权位，名分表示一个人的伦理角色，亦可将两种情况统言之曰名分。不同的名分有相应的俸禄、服饰、仪仗、车马工具、器物、称谓等以相互

---

① 孔子的"名"与"仁"其实也是互为表里的。对名位体系的破坏，在孔子看来就是不仁之至。
② "名分"作为一个术语出现在孔子以后。如"《易》以道阴阳，《春秋》以道名分"（《庄子·天下》）；"定府官，明名分"（《管子·幼官图》）；"故人主不可以不审名分也，不审名分，是恶垒而愈塞也"（《吕氏春秋·审分》）；"名分定，势治之道也；名分不定，势乱之道也。"（《商君书·定分》）虽然在孔子的时代以前还没有出现名分一词，但这并不妨碍当时已经有了名分的意思（参见杨佐仁：《浅谈孔子正名的涵义》，《齐鲁学刊》1983 年第 4 期）。

区别，也就是所谓的"辨之以名"。① 亦有名义之名，亦可衍伸为罪名之名。如："败亲速仇，乱嗣不祥，我受其名。"(《昭公二十六年》) 孔子在继续使用上述"名"各类含义的基础上②，结合自身的政治实践，将关注点放在了"名"作为"名分""名位"之意的政治伦理内涵上，继而视"正名"(匡正名分) 为实现其政治理想的必由路径，构筑起关于"正名"的一系列思想理论。

孔子希望所有的社会成员都能够透彻地理解自己在名位体系中所处的位置，各自诚恳地安其名分，积极践行名分所代表的礼制下的权利义务，使各种社会关系有序而富有效率地运行。比如将人的身份区分为天子、国君、大夫、士、百工、庶人、仆；而各阶层又有更为细致的区分，如国君又有公、侯、伯、子、男等不同称呼。仅仅区别身份还只是浅层次的要求，更为重要的是，名位体系背后所隐藏的权利与义务的界限十分分明。"王命诸侯，名位不同，礼亦异数，不以礼假人。"(《庄公十八年》) 名分一旦被僭越，名分所表征的权利义务就必然被亵渎。基于这一点，孔子十分强调"名"的重要性，对破坏名分的举止深恶痛绝。"孔子谓季氏：'八佾舞于庭，是可忍，孰不可忍也？'"(《论语·八佾第十三》) 季氏以大夫而僭用天子之礼乐，孔子反问此事都可以忍受，还有什么事不能忍受呢？可见，令孔子痛心疾首的是名分所代表的礼制秩序的紊乱。

---

① 《国语·楚语上》："范无宇言之曰：'先王惧其不帅，故制之以义，旌之以服，行之以礼，辨之以名，书之以文，道之以言。'"

② 《论语》中所见的"名"，除了正名章的"必也正名乎""名不正"和"君子名之必也言也"三处以外，"名"还有五次使用，其涵义也不尽相同。

春秋时代，名位体系已经遭到巨大破坏，如孟子所言："世衰道微，邪说暴行有作，臣弑其君者有之，子弑其父者有之。"①孔子坚持认为，君子若有其名，应有其言，且当有行。名不能仅仅流于形式上的规定，一定要在政治生活中得到落实，才能发挥作用使国泰民安。名位体系在制度层面仍然是存在的，但在实际的政治生活中已经形同虚设，所谓"礼崩乐坏"。孔子对此非常不满，认为西周礼制所规定的名位体系，在诸侯各国政治生活中不能得到贯彻的情形应该得到纠正，这就是"正名"之"正"的内涵。"孔子以为当时名不正而乱，故欲以正名救时之弊也。"②对孔子而言，"正名"之所以重要，是因为孔子希望通过"正名"来确认或迫使社会承认名位体系所代表的礼制秩序的合理性。有一段话是人们很熟悉的：

子路曰："卫君待子而为政，子将奚乎？"子曰："必也正名乎！"子路曰："有是哉，子之迂也！奚其正？"子曰："野哉由也！君子于其所不知，盖阙如也。名不正，则言不顺；言不顺，则事不成；事不成，则礼乐不兴；礼乐不兴，则刑罚不中；刑罚不中，则民无所措手足。故君子名之必可言也，也之必可行也。君子于其言，无所苟而已矣。"（《论语·子路第十三》）

---

① 杨伯峻：《孟子译注》，中华书局 1960 年版。
② 冯友兰：《中国哲学史》，商务印书馆 1931 年版，第 60 页。

这是孔子"正名"思想的最早来源，是孔子针对卫国当时的历史遗留问题提出的政治对策。孔子感到当儿子（卫国当时的君主辄）的做国君，而让有合法继承权的父亲（辄的父亲蒯聩）在国外流亡，这在名分上是说不过去的，因此卫国隐藏着政治危机。所以，孔子认为，卫国首先要把父子谁应该当国君，如何处理蒯聩与辄的关系等问题讨论清楚，之后才谈得上治理。朱熹称："是时出公不父其父而祢其祖，名实紊矣，故孔子以正名为先。"又引杨氏曰："名不当其实，则言不顺。言不顺，则无以考实而事不成。"又："夫子为政，而以正名为先。必将具其事之本末，告诸天王，请于方伯，命公子郢而立之。则人伦正，天理得，名正言顺而事成矣。"这是朱子所理解的正名之旨，要在于纠名实、正人伦、得天理。

孔子希望通过恢复周礼所确立的名位体系，还原一个"天下归仁"的理想社会。在这种强烈愿望的支配下，孔子也不再避讳武力手段的使用。他赋予战争对于"正名"的工具性价值，并进一步将"名"的要求引入对开战理由与战争权的规范中去。正名必得选择对僭越名分者的惩罚措施。在孔子的时代，名位体系已具备了法的性质。周公制礼时，包括了对违反"礼法"（名位体系）行为的处罚。其中征伐即战争，被作为一种刑罚用来处罚违礼行为。[1] 这在中国古代的文献中多有记载。《国语·晋语六》说："夫战，刑也。"这说明上古时期，人们把战争与刑罚作为同类事物来认识。《国语·鲁语》说："大刑用甲兵，其次用斧钺，中刑用刀锯，其次用

钻笮，薄刑用鞭扑，以威民也。"甲兵就是战争，可见在当时，战争是五刑之首，战争就是刑罚。

名位体系的法律化，以及战争具备的刑罚性质，使得战争与"正名"的联系显得水到渠成。法律化了的名位体系便有了这样一种可能：法律的惩罚手段施之于名分的僭越者，"正名"因此就变成法律惩罚的实施，而当僭越名分的行为达到一定的严重程度，战争手段的使用就是完全合乎逻辑的。^①孔子关于战争与"正名"的思想应当正是依此理路形成的。

虽然孔子维护名分的愿望强烈且炙热，但他对选择战争作为"正名"的方式还是相当慎重的。大多时候，孔子强调圣君贤相的人治主义与道德教化："政者，正也，子帅以正，孰敢不正？"（《论语·为政》）"君子……修己以敬……修己以安人……修己以安百姓。"（《论语·宪问》）只是从现实的需求出发，孔子肯定了战争在"正名"过程中的正当性与有效性。面对僭越名分的行为时，他没有显示出对于运用战争手段的犹疑，究其原因，通过战争手段"正名"，进而恢复礼制是他的目的所在。当然，于此而言，战争只是手段。

孔子解决了战争对于"正名"的工具性作用问题之后，他没有遗忘使用这一手段的主体身份问题，即战争权问题，也就是谁有权发动战争的问题。孔子认为，战争权的行使与"天子"的名分密不可分，所谓"天下有道，礼乐征伐自天子出"（《论语·季氏》）。出

---

① 这一点在本章"'正名'是发动战争的正当理由"部分有详细论证。

征在一个君臣有序、合乎礼治的政治环境里，只有天子才拥有发动战争的最高决定权。

国际社会对战争权的认识经历了一个从合法到限制到非法的过程。在战争权被合法化的时代，这一权利是附属于国家主权的，格劳秀斯就曾经对战争权与主权的关系作出这样的论断："当整个国家都受到战争的威胁时，几乎所有的国家中都存在的一条既定的法则是，只有国家主权当局才有权决定是否发动战争。"① 但是，格劳秀斯的论断是以西方主权国家的存在形式为分析对象的，在中国的春秋时期，这一分析模式必然遭遇困难。春秋时期的列国不是严格意义上的独立主权国家，它们和周王朝的权利义务关系与确立于周代的宗法制渊源甚深。周王朝通过分封制完成了宗法制对政治结构的塑造，将民间宗法关系引入了正式的政治体制和国家权力分配体制当中。周建国之初，为了扩大周王朝的影响和势力范围，将尽量多的王室子弟、亲戚、功臣分封出去，让他们建立诸侯国，并允许各诸侯国为了自身的存在与发展建立以诸侯为核心的新的族。周天子分封活动的标准之一是被分封者与天子的血缘亲疏关系，② 这种关系以名分的形式体现，这是宗法制的核心因素。天子与诸侯的权力划分在分封的过程中也被"天子""诸侯"的名分所决定。周天子可以到诸侯国巡狩，有权召见天下诸侯，有权征取贡赋。诸侯对周天子有各种义务，他们每年在春秋两次朝见天子进行"述职"，

① ［荷］格劳秀斯：《战争与和平法》，何勤华等译，上海人民出版社 2005 年版，第 83 页。

② 按照晁福林的解释，分封的标准除了"封建亲戚"之外，还有"选建明德"。

还必须定期纳贡。在战争权的划分上，则只有天子才能发动战争，诸侯国的军队要听命于周天子，即"元侯作师，卿率之，以承天子"（《国语·鲁语下》），形成"上能征下，下无奸慝"（《左传·庄公二十一年》）的局面。我国的古典文献资料中载有许多关于周天子行使战争权的活动方面的内容。公元前865年，周厉王亲自率大军，进攻东夷、南夷二十六国，大获全胜。《诗经·小雅》有诗云：

> 我出我车，于彼牧矣。自天子所，谓我来矣。召彼仆夫，谓之载矣。王事多难，维其棘矣。

这首诗描述的是周宣王时代，北方的猃狁侵犯周国，宣王命令大将南仲领兵出征的故事。天子独揽战争权，发生战事诸侯国的军队听从天子的调遣，在这样的军事领导体制的支撑下，周王朝并不希望各诸侯国过分依赖王室，而是鼓励他们自立自强。晁福林先生指出："依照宗法制度的原则，各国诸侯不只是周天子的子弟，而且是其国占统治地位的宗族的始祖。这就意味着，他不是周王室卵翼之下的弱者，而是独立自主的强者。"[①]周王朝具备这种魄力与胆识的重要原因就是对自己在名分上的绝对优势的信赖，以及其下诸侯国对名分的恪守。

孔子所处的时代，周王室逐渐失去了对诸侯的控制能力，犯上作乱、礼崩乐坏之事已屡见不鲜，战争权行使的主体由"礼乐征伐

---

① 晁福林：《先秦时代社会性质综论》，北京师范大学出版社2003年版，第147页。

自天子出"演变为"礼乐征伐自诸侯出",甚至"自大夫出"。面对这样的现实,孔子在一定程度上表现出他作为政治家的变通。孔子对齐桓公争霸战争这样评价:"桓公九合诸侯,不以兵车,管仲之力也。如其仁!如其仁!"(《论语·宪问》)意思是齐桓公能够主持诸侯会盟,是管仲之力,谁还能达到这样的"仁"呢!这看似不符合孔子"礼乐征伐自天子出"的一贯主张,但孔子解释说,齐桓公所从事的争霸战争,始终打着"尊王"的旗号,把"以诛五道,以屏周室"作为目标,这并未逾越天子的名分。表面上看这是孔子的一种战略妥协,实际上是他"正名"思想的迂回表达。①

(四)孟子的"仁者无敌"与战争胜负的决定因素

孟子充分发展了孔子的仁学思想,提出了"仁政"的政治理想,实现了"仁"与政治之间更为密切的联系。实行"仁政"的具体内容包括:"省刑罚,薄税敛,深耕易耨,壮者以暇日,修其孝悌忠信,入以事其父兄,出以事其长上"②(《孟子·梁惠王章句上》);"经界既正,分田制禄"③(《孟子·滕文公章句上》);"老吾老,以及人之老,幼吾幼,以及人之幼"④(《孟子·梁惠王章句

---

① 公元前718年郑卫两国的北制之战与公元前685年齐鲁两国的长勺之战,都是诸侯国对诸侯国直接发动的战争。但是,即便如此,诸侯国君依然不能明目张胆地否认周天子的地位,对周"天命未改"的名分也不敢越雷池半步。大国发动战争要获得合法性,必须有一个附加条件,即"受命于王",因此,"尊王攘夷"成为当时许多战争的一大特色。

② 杨伯峻:《孟子译注》,中华书局1960年版。

③ 同上。

④ 同上。

上》）。韦政通先生将其概括为"民生与教化并重""均平"以及"推己及人"。其实，早在孔子的时代，"仁"经由"礼"的外向化就已经具备了为宗法等级制度提供心理支撑的政治之维，但孔子并未直接赋予"仁"具体的政治内涵，更多的是为"仁"确立了若干可适用于政治的道德原则。

孟子对"仁"的政治化建构是有其深刻的历史背景的。孟子所处的时代正值战国中期，这是一个兼并战争不断扩大和升级的时代。各国为求得自保或者在战争中获胜，无不在寻找适合自己需要的治国方案，以达到富国强兵的目的。在战争的重压之下，战国时期的各诸侯国进行的一系列政治变革几乎都是以战争中的自保或胜利为导向的。作为儒家思想的继承者，摆在孟子面前的问题是，如何将儒家的道德理想输入这个视"战胜"为终极目的的功利时代的血液之中。"仁者无敌"是孟子为战争的道德制约问题开出的药方。孟子见梁惠王，梁惠王曰：

"晋国，天下莫强焉，叟之所知也。及寡人之身，东败于齐，长子死焉；西丧地于秦七百里；南辱于楚，寡人耻之，愿比死者壹洒之，如之何则可？"

孟子对曰："地方百里而可以王。王如施仁政于民，省刑罚，薄税敛，深耕易耨；壮者以暇日，修其孝悌忠信，入以事其父兄，出以事其长上，可使制梃以挞秦楚之坚甲利兵矣。

彼夺其民时，使不得耕耨以养其父母。父母冻饿，兄弟妻子离散。彼陷溺其民，王往而征之，夫谁与王敌？故曰：

'仁者无敌。'王请勿疑。"① (《孟子·梁惠王章句上》)

显然，孟子的"仁者无敌"是从己方当政者对敌方当政者的仁政优势中推导出来的。仁者之所以无敌，原因就在于实行仁政的当政者亲民、贵民，可以使本国人民安居乐业，这样在战争中自然就会有民心所向，达至无人可敌的境界。所谓"保民而王，莫之能御也"② (《孟子·梁惠王章句上》)。

同时，孟子也深知仅仅进行上述的道德说理是不够的，将道德原则作为一种外在的规则强制要求各诸侯国遵行，在一个失范的社会是行不通的。如果说孔子尚且可以凭借周王朝在名义上的地位树立礼制的权威，那么孟子的时代"礼"作为一种外在规范的强制性已经不可同日而语了。"（礼）这种结构与秩序只能建立在两个条件上，一是王权强大到足以依靠外在弹压力强制维持结构的稳定，一是每个人都自觉地以理性来服从这种秩序的安排。"③当孔子面临礼制濒临崩溃，他一方面强调尊重王权，力主通过"履礼""正名"等外在形式和手段维系秩序中的等级格局，另一方面也不得不开始为"礼"寻求"仁"这一内在本源。到了孟子，礼崩乐坏已成定局，没有任何一个诸侯国的权力具有天然的历史合法性可以凌驾于所有其他诸侯国权力之上而一跃成为王权的完美道德化身，因此，求助于王权的强大重塑社会秩序无异于痴人呓语，他显然只能把希

---

① 杨伯峻:《孟子译注》，中华书局 1960 年版。

② 同上。

③ 葛兆光:《中国思想史》第一卷，复旦大学出版社 2009 年版，第 162—163 页。

望寄托于发自每个人内在心性的良知良能上了。在这一点上，孟子既是对孔子仁学思想的继承，又是对孔子仁学思想中人文主义成分的发扬，他已经不再强调"仁"与"礼"的内外、体用之别，而完全将重点放在了"仁"的内在性方面。

> 恻隐之心，人皆有之；羞恶之心，人皆有之；恭敬之心，人皆有之；是非之心，人皆有之。恻隐之心，仁也；羞恶之心，义也；恭敬之心，礼也；是非之心，智也。仁义礼智，非由外铄我也，我固有之也，弗思耳矣。[①]（《孟子·告子章句上》）

仁、义、礼、智乃是孟子强调的存在于人的内心的"四端"。但未必人人都能做到仁、义、礼、智，原因在于每个人尽心、知性的能力不同，也即"思"的能力不同。"这种思，当然不是霍布斯所说的成本—收益计算能力，毋宁说是一种内省的能力，面向自己的心，认知自己的自然的能力。"[②]孟子当然知道自己强化"仁"的内在性的目的是"只有当人们懂得，正确的东西就内在于他的'本性'之中，才会履行其作为道德行动者的责任"。[③]所以，孟子才会就齐宣王因不忍亲眼见牛被杀而代用羊祭祀一事，断言齐宣王实行仁政已经完全具备了心性依据，至于能否实行则取决于他自己的主观能动：

---

① 杨伯峻：《孟子译注》，中华书局 1960 年版。

② 姚中秋：《君子或绅士中心的秩序》，《读书》2010 年第 12 期。

③ ［美］本杰明·史华兹：《古代中国的思想世界》，程钢译，江苏人民出版社 2008 年版，第361 页。

（孟子）曰："臣闻之胡龁曰，王坐于堂上，有牵牛而过堂下者，王见之，曰：'牛何之？'对曰：'将以衅钟。'王曰：'舍之！吾不忍其觳觫，若无罪而就死地。'对曰：'然则废衅钟舆？'对曰：'何可废也？以羊易之！'——不识有诸？"

（王）曰："有之。"

（孟子）曰："是心足以王矣。百姓皆以王为爱也，臣固知王之不忍也。"

……

（孟子）曰："无伤也，是乃仁术也，见牛未见羊也。君子之于禽兽也，见其生，不忍见其死；闻其声，不忍食其肉。是以君子远庖厨也。"

……

（孟子）曰："今恩足以及禽兽，而功不至于百姓者，独何与？然则一羽之不举，为不用力焉；舆薪之不见，为不用明焉；百姓之不见保，为不用恩焉。故王之不王，不为也，非不能也。"①（《孟子·梁惠王章句上》）

孟子力图使统治者相信，"仁"就在于他的内心，只要统治者善于发现并尊重这种来自内心的自然情感，实行仁政就并非难事。

同时，孟子也清楚，在与统治者的对话中，要使自己的"仁

---

① 杨伯峻：《孟子译注》，中华书局 1960 年版。

政"思想获得吸引力和说服力，还必须为"仁"这一内在心性发掘一个实用性的出口，即它是可能的，同时也是统治者所乐于去做的。孟子并未因为自己是一个道德至上主义者而回避战争问题，相反，他将"仁"抬高到对战争胜负起决定作用的地位——只要实行仁政，就能无敌于天下（仁者无敌），既使战争受到了道德的制约，又使道德具备了对战争的现实关切。

在"仁者无敌"这种理论观念的指导下，孟子对与战争密切相关的实力因素表现出漠视的态度。孟子曰："以力假仁者霸，霸必有大国；以德行仁者王，王不待大——汤以七十里，文王以百里。以力服人者，非心服也，力不赡也；以德服人者，中心悦而诚服也，如七十子之服孔子也。"[①]（《孟子·公孙丑章句上》）这就是说，依靠军事实力的大国最终可以成为霸权国，而真正的王权不必以强大的国力为基础，而是靠道德感召力，使别国心悦诚服地归顺自己。这里孟子并未将"霸道"与"王道"加以权衡较量，但他在别处表明了"王道"的优越性：万章问孟子，小国宋准备行王政，却受到齐、楚的军事威胁，宋国该怎么办？孟子指出，商汤在称王前就遭遇与宋国类似的情况，商汤坚持实施仁政，结果不但战胜了威胁他的葛国，并且统一了天下。所以，他的结论是，"苟行王政，四海之内，皆举首而望之，欲以为君；齐楚虽大，何畏焉？"[②]（《孟子·滕文公章句下》）

---

① 杨伯峻：《孟子译注》，中华书局 1960 年版。

② 同上。

正是因为孟子的关注偏向到了"仁政",所以对于孔子特别强调的战争权主体问题("天下有道,礼乐征伐自天子出"),孟子也不再以天子、诸侯的名分来定夺其合法性,而是使用了"天吏"这一概念。"天吏"的成立条件不是礼制秩序下的名位等级,而是广施仁政的国君的军队。因其行为意味着"至仁",它就获得了发动战争的道德前提,具备了"诛暴除害""吊民伐罪"的战争主体资格。所以,当沈同问孟子:"燕可伐与?"孟子说,燕国暴虐无道,可以讨伐。但是"彼如曰,'孰可以伐之?'则将应之曰,'为天吏,则可以伐之'。"(《孟子·公孙丑章句下》)而作为与燕国一样暴虐无道的齐国则不具备这样的资格。[①]一旦因"仁"而具备了战争的主体资格,曾经被孔子十分重视的"名分"就变得非常富有弹性了。在对待武王伐纣这一事件上,孔孟二人态度的差别反映出孟子战争法思想的这一特色。孔子在评价武王伐纣时说:"尽美矣,未尽善也。"[②](《论语·八佾》)但是当齐宣王就武王伐纣之事问孟子:"臣弑其君,可乎?"孟子却答道:"贼仁者谓之'贼',贼义者谓之'残'。残贼之人谓之'一夫'。闻诛一夫纣矣,未闻弑君也。"[③](《孟子·梁惠王章句上》)可见,孟子认为如果丧失"仁",王便无异于普通的残贼之人,武王杀殷纣不过是杀死了一个众叛亲离的"独夫",已不存在所谓的臣弑君这样的道德谴责了。当孟子与齐宣王讨论什么是"勇敢"的问题时,孟子甚至鼓励齐宣王学习武王"一怒而安天下之民"的

---

① 杨伯峻:《孟子译注》,中华书局 1960 年版。

② 朱熹:《四书集注·论语集注》,中华书局 1983 年版。

③ 杨伯峻:《孟子译注》,中华书局 1960 年版。

"大勇"①（《孟子·梁惠王章句上》）。

　　孟子的"仁"不仅是战争成败的决定因素，也是战争主体合法性的要求。在这两个方面，"仁"则是一以贯之的。天吏是发动战争的合法主体，天吏是仁者的军队，而"仁者无敌"，"仁"因此成为决定战争胜负的决定性因素。这就不难理解"仁"为何会成为孟子战争法思想的最终价值取向。

二、春秋末期至战国以"利"为价值取向——的战争法思想

　　战争从它发生的那一天起，就与"利"结下了不解之缘。克劳塞维茨将战争还原为"迫使敌人服从我们意志的一种暴力行为"。②这种简单原始的战争行为就已经具备了"利"的要素，那就是对敌方服从我方的意志的利益追求。中国古代的战争实践虽然在"仁"的价值取向的影响下，很长一段时间都倾向于对战争伦理的特别关照，但这依然无法掩饰"兵以利动"的战争本质。正如孔子对春秋中期"尊王攘夷"这一现象的认可，不能不看作

---

① 杨伯峻：《孟子译注》，中华书局 1960 年版。

② ［德］克劳塞维茨：《战争论》，商务印书馆 1978 年版，第 23 页。

是他向恢复周礼之"利"的妥协与让步。"利"作为战争主体通过战争所追求的价值核心，在事实上一直导演着每一场战争的进程。宋襄公在泓水之战中固守"不重伤，不禽二毛"的战争规则的做法为司马子鱼所不齿，实际上就是"仁"与"利"这两种战争法价值的冲突与抉择。以宋襄公为代表的仁者的失败预示着"仁"在战争法价值冲突中的式微。春秋末期，随着战争范围进一步扩大，战争强度进一步加强，"利"逐渐成为战争法思想的主导价值。

（一）墨子的"兼爱"与以"利"为导向的战争遏制思想

伊曼努尔·康德在《永久和平论》中曾经声称，他非常信赖休谟为人类战争开出的英雄药方："当我看到目前各个国家互相进行作战时，我就仿佛看见了两个醉汉在一家瓷器店里用棍棒互相殴打。因为他们必须慢慢地治疗他们相互造成的创伤，这还不够，而且事后他们还必须赔偿他们所酿成的全部损失。"①立足于战争的惨痛后果，康德预言人类走向改善的转折点即将到来，并且在先验的道德原则的引领下为人类设计出走向永久和平的战争法条款。生活在公元前479—前381年间的墨子目睹他那个时代列国间越发肆无忌惮的战争所带来的民生凋敝，同样意识到战争是必须受到控制的。康德的先验道德原则来源于不证自明的自然法，与康

---

① ［德］伊曼努尔·康德：《永久和平论》，何兆武译，上海人民出版社 2005 年版，第 84 页。

德相似的是，墨子对战争的控制理论也力图诉诸一种自足的根据："然则奚以为治法而可？故曰：莫若法天。……既以天为法，动作有为必度于天。天之所欲则为之，天所不欲则止。"① (《墨子·法仪》) 但不同的是，康德的先验道德原则是一种不可移易的"纯粹道德理性"，而墨子的"法仪"则是人类对上天意志的完全的功利性的阐发。

墨子认为，上天唯一的目的就是有利于人类，所以希望祛除战乱，使人们安居乐业。孔子和孟子对社会利益也并非不感兴趣，他们也期望人民富裕、安全、享受和平。但是，与墨子形成强烈反差的是，孔孟的利益追求是建立在君子对"仁"的不断反省与实践的内在动机之上的。孔孟所期望建立的是以君子为中心的社会秩序，这种秩序是政府的基础。换句话说，就是"君子对于自身动机进行持续不断和小心谨慎的反省，对于实现这些社会目标而言是至关重要的"。② 但墨子却假设，"自然状态"中的人只会一心追求他们自己的利益，并且这种逐利性是无法通过内在道德修养而剔除的，只能通过功利主义的说教来实现："夫爱人者，人必从而爱之；利人者，人必从而利之；恶人者，人必从而恶之；害人者，人必从而害之。"③ (《墨子·兼爱》) 可见，爱人和利人是以人爱己、利己为目的的，不恶人、不害人也是以人不恶己、不害己为期待的。这样的

---

① 孙诒让：《墨子间诂》，中华书局 2001 年版。

② ［美］本杰明·史华兹：《古代中国的思想世界》，程钢译，江苏人民出版社 2004 年版，第151 页。

③ 孙诒让：《墨子间诂》，中华书局 2001 年版。

论点十分符合亚当·斯密的古典功利主义观点："一切美德都涉及对我们自己私人幸福和利益的关怀。"①

在战争问题上，墨子的态度也是同样的。他遏制战争的根据来自对战与不战之间的利益权衡。他针对战争发动者们的求"利"心理指出，贸然发动战争所得到的"利"远远不及在战争中失去的"利"。"计其所自胜，无所可用也；计其所得，反不如所丧者之多。"②（《墨子·非攻中》）具体来讲，首先，战争的消耗巨大，"竹箭、羽旄、幄幕、甲盾、拨劫，往而靡獘腑冷而不反者，不可胜数……与其牛马，肥而往，瘠而反，往死亡而不反者，不可胜数"③（《墨子·非攻中》）。其次，战争会导致一个国家的人口急剧下降，"与其涂道之修远，粮食辍绝而不继，百姓死者，不可胜数也。与其居处之不安，食饭之不时，饥饱之不节，百姓之道疾病而死者，不可胜数。丧师多不可胜数，丧师尽不可胜计"④（《墨子·非攻中》）。人口损失重大，即使获得了城郭也"不胜而辟"。这样无异于"弃所不足，而重所有余也"⑤（《墨子·非攻中》），即摒弃不足而增加有余，这显然有悖于功利主义的计算方式。最后，基于历史经验的考察，墨子承认也有少数国家在战争中获利的特例，但好战亡国则是普遍规律。"古者封国于天下，尚者以耳之所

---

① ［英］韦恩·莫里森：《法理学》，李桂林等译，武汉大学出版社 2003 年版，第 188 页。
② 孙诒让：《墨子间诂》，中华书局 2001 年版。
③ 同上。
④ 同上。
⑤ 同上。

闻，近者以目之所见，以攻战亡者不可胜数。"① (《墨子·非攻中》)
这其实是在提醒统治者不要贪图偶然性投机之利而丧失了保全国家
这一更为重要的利益。

可见，在对战争的遏制上，孔子和墨子的目的是相同的，都是
尽力减少战乱的发生，但思想的理路却有分歧。孔子希望通过统治
者对内在修养（仁）的不断追求和完善而恪守周礼，从而实现"礼
乐征伐自天子出"的"有道"之世。对孔子而言，外在的目的是内
在道德因素（仁）的自然结果，用康德的话来说，就是"它越是使
行为不依赖于预定的目的，即我们意图中的无论是物理的或是道德
的利益，它就越会与后者普遍地符合一致"。② 墨子几乎抛弃了对
战争起遏制作用的所有内在因素，而通过反复的利害论证来达到目
的。所有的利害关系都是外在的，"一点也没有提及沿着道德轴向
发展的内在趋势"③。

正是墨子对遏制战争因素的外在化，使得他的战争法思想较之
孔子显得更为明确。墨子也讨论了战争的合法性标准。与孔子不
同，墨子不再关注战争合法性的内在根据，即对战争的合法性问题
做类似于孔子那样的主观动机分析（孔子认为具备"仁"的内在动
机，进行的维护礼制的战争就是正义的战争）。墨子的焦点集中到
了外在规范的形式推理上。一方面，他观察到个体道德规范与国际

---

① 孙诒让：《墨子间诂》，中华书局 2001 年版。
② ［德］伊曼努尔·康德：《永久和平论》，何兆武译，上海人民出版社 2005 年版，第 52 页。
③ ［美］本杰明·史华兹：《古代中国的思想世界》，程钢译，江苏人民出版社 2004 年版，第147 页。

道德规范互相矛盾的现象，力图通过形式推理的方式确立战争的合法性规范：

> 今有一人，入人园圃，窃其桃李，众闻则非之，上为政者得则罚之。此何也？以亏人自利也。至攘人犬豕鸡豚者，其不义又甚入人园圃窃桃李。是何故也？以亏人愈多，其不仁兹甚，罪益厚。至入人栏厩，取人马牛者，其不仁义又甚攘人犬豕鸡豚。此何故也？以其亏人愈多。……当此，天下之君子皆知而非之，谓之不义。今至大为不义攻国，则弗知非，从而誉之，谓之义。此可谓知义与不义之别乎？①（《墨子·非攻上》）

对进入别人的园子偷窃桃李的人大家尚且会指责他，而对那些攻打别国的国家，人们却并不反对，而是顺从和赞赏，这哪里敢说是知道了正义与非正义的区别呢？墨子在这里有进行三段论推理的倾向，大前提是"今有一人，入人园圃，窃其桃李，众闻则非之，上为政者得则罚之"，小前提是"今至大为攻国"，得出的结论应该是"攻国"是不义的行为。另一方面，墨子根据一般性的道德原则进行理论上的形式推理，得出适用于国家间的战争合法性规范。"杀一人谓之不义，必有一死罪矣，若以此说往，杀十人十重不义，

---

① 孙诒让：《墨子间诂》，中华书局 2001 年版。

必有十死罪矣；杀百人百重不义，必有百死罪矣。"①（《墨子·非攻上》）既然杀人无数是战争的必然结果，那么发动战争就是最大的不义。值得一提的是，墨子对战争合法性的形式逻辑推理最终依然没有忘记他的功利主义内核。从"入人园圃，窃其桃李"到"攻人之国"的推理过程是一个从"以亏人自利"到"以其亏人愈多"的功利判断的层层推衍。

因此，在事实上，墨子对战争合法性的推理并非纯粹意义上的形式推理，而兼具事实推理的特色，只不过，这种事实推理的根据又一次地回归到他功利主义的偏好上去了。

至此看来，墨子在战争合法性问题上似乎是异常坚定的，他既不像孔子那样为了恢复礼制而为战争留下了出路，也不像孟子那样为推广仁政，让"仁"在战争中大行其事，他功利主义的利害计算和严密的逻辑推理使得他只能走向否定一切战争的道路。但墨子却在对战争的定义上动摇了他的上述立场。

墨子将战争分为两种："攻"和"诛"。"攻"是非正义的战争，而"诛"则是正义的战争。历史上的禹征有苗、汤伐桀、武王伐纣等战争都属于"诛"的范畴，因而是正义的战争。"攻"与"诛"的划分标准是"义"。墨子对"义"的解释也没有超越功利主义的藩篱。《墨子·大取》曰："义，利；不义，害。"②因此，是否合于"天下百姓人民之利"成为墨子判断战争性质的尺度。所谓"诛"，

---

① 孙诒让：《墨子间诂》，中华书局 2001 年版。

② 同上。

"上中天之利，而中中鬼之利，而下中人之利。"正因为禹、汤、武王发动的战争上合天之命，中合鬼之情，下合民之利，所以"天赏之，鬼富之，人誉之，使贵为天子，富有天下，名参乎天地，至今不废"。[1]（《墨子·非攻下》）

墨子对禹征有苗、汤伐桀、武王伐纣等战争合法性的认可，是否真的背离了他根据功利计算和逻辑推理所确立的战争合法性规范？墨子在这个问题上似乎蕴含着一种自然法情结。[2]他通过美化和神化历史上所谓的正义之战，而将其推向彼岸的理念世界，使之成为检讨此岸世界诸侯争霸战争的理论工具。从这个意义上讲，战争只有在跨越了时空的前提下才存在合法性的区分，而现实中的争霸战争都是非正义的。其实，在墨子眼里，无论是历史上还是现实中的战争，墨子对其合法性的论证都是功利主义的，但为何结论相去甚远？原因在于功利的具体内容有所不同。对现实战争，墨子根据的是人力财力的物质性标准，而对历史上的战争，墨子倾向于道义上的比较，因此是"利"的内容发生了变化。

墨子清楚，单单用实证分析的方法否认战争是不够的，还必须为他的战争观寻找人性的依据。与孔子相同，他找到了"爱"这种心性根据，但与孔子的"爱有等差"相反，墨子的"爱"在质与

---

[1]　孙诒让：《墨子间诂》，中华书局 2001 年版。

[2]　自然法可以有多种意义上的解读，它可以是上帝的法，也可以是符合人类理性的法，但都是与国家制定的实在法相对而言的。根据自然法思想，自然法是应然领域的，而实在法是实然领域的，实然以应然为标准和指向。使用"自然法情结"，笔者是想表明墨子对历史上战争的设想实际上是创设了一个合法战争的理想标准，以此可以检验现实战争的合法性。但是，应当承认，从墨子的思想来看，这种理想中的战争的具体标准是非常模糊的（孔子通过"名"来区分，孟子通过仁来界定），因此导致这种所谓的应然战争对实然战争是缺乏指引力的。

量上是没有分别的，即所谓"兼相爱"。有学者指出，儒墨两家之"爱"的主要区别是泾渭分明的主观动机和理论初衷导致的思想内涵和心理机制之别。"如果说孔孟之仁的精神实质是别的话，那么墨子兼爱的原初含义则是兼；如果说仁的心理机制是由人及己的层层推进的话，那么，兼爱的心理机制则是放射性的释放和平铺。"①墨子站在功利主义的立场上坚定地反对儒家的"爱有等差"，"天下之利皆从'兼'而生，天下之害皆从'别'而来"，认为战争的根源恰恰起源于"兼爱"的匮乏，不相爱就会造成亏人自利，从而造成社会动乱、战争频仍：

> 子自爱不爱父，故亏父而自利；弟自爱不爱兄，故亏兄而自利；臣自爱不爱君，故亏君而自利，此所谓乱也。……大夫各爱其家，不爱异家，故乱异家以利其家；诸侯各爱其国，不爱异国，故攻异国以利其国，天下之乱物具此而已矣。②（《墨子·兼爱上》）

"兼爱"从表面上看是人的内在心性，但实际上在墨子那里因为"爱"与"利"产生纠葛，致使墨子的"爱"无法像儒家的"爱"那样被视为人的自然情感的流露和延伸，而成为一种以取得利益效果为导向的外向型禀性。《墨子·经上》说："仁，爱也；

---

① 魏义霞：《七子视界——先秦哲学研究》，中国社会科学出版社 2005 年版，第 273 页。
② 孙诒让：《墨子间诂》，中华书局 2001 年版。

义，利也。爱、利，此也；所爱、所利，彼也。"① 爱和得利同在一边，被爱和使其得利则在另一边。儒家在顺其自然的顺序上主张的等差之爱是实践层面上的修正，具有一定的可行性，墨子的"兼爱"则因为违背了人类的自然情感只能作理论上的推理，而成为一种形式主义的爱。墨子也意识到了这一点，他知道自己对"爱"的功利性解释与人的内在情感是无法调和的矛盾，他转而将"爱"设计成来自上天的外在约束。何以能够兼爱天下之人，曰："顺天之意。"天意就是天志，纯粹是一种外在标准，是规范天下事的"明法"，兼爱之所以可能，是因它以这个明法为根据。墨子设想通过圣人建立国家身体力行上天的兼爱要求，上行下效，从而实现一同天下之义的理想。

兼爱对战争的遏制也是通过上述途径发生作用的。墨子坚信"诸侯相爱则不野战，家主相爱则不相篡，人与人相爱则不相贼，君臣相爱则惠忠，父子相爱则慈孝，兄弟相爱则和调"②（《墨子·兼爱中》）。这样战争自然就失去了容身之处，而这一切相爱的动力源泉都来自人类对天意的顺从。人类为什么愿意顺从天意呢？因为天是为人的利益着想的。

墨子以"兼爱"为根据、以"利"为导向的战争遏制思想，可以被理解成一种个体利益与普遍利益相一致前提下的利他主义对战争的指导。但他却不能使统治者们相信终止侵略战争对于所有的人

---

① 孙诒让：《墨子间诂》，中华书局 2001 年版。
② 同上。

都会产生长期的利益，对这些统治者来说，"关键问题是如何获得当下的利益，特别是他们与后代的统治者一样，可能把这些战争看成是一场总的'权力平衡'的博弈游戏的一部分……他们很容易这样说服自己，即他们所赌的不只是国家的扩张，而且是国家的安全和生存。……要说使所有人在将来都可以增加的利益，会比当下的具体目标得到的酬劳更能令人满意，人们对此并无任何把握"。① 因此，对于这些统治者，墨子的功利主义战争法思想并不比孔孟强调"仁"的道德动机的战争法思想更令人信服。但墨子毕竟为此前战争领域的道德理想主义添加了一种现世主义的理性色彩，使战争以利益为驱动的本质逐渐从泛道德化的各种战争法思想中凸显出来。

（二）舍"仁"取"利"
——孙子战争法思想价值的冲突与协调

价值冲突的本质在于人类需求的多面性、多层次性，而这些需求之间虽不是非此即彼的对立关系却具有此消彼长的制约关系。对价值冲突的协调体现了人类解决矛盾时的个体主观偏好。但同时，这种个体的主观偏好又受到主体所处社会历史环境的影响。"仁"与"利"正是中国古代战争法思想中一对相互冲突的价值要素。孔子的"罕言利"与孟子的"何必曰利"都表现出"仁"在其思想价值体系中的压倒性地位，而墨子以"利"为导向的战争遏制思想

---

① ［美］本杰明·史华兹：《古代中国的思想世界》，程钢译，江苏人民出版社 2004 年版，第173 页。

在对战争的利害计算中否认和斥责战争，实际上是他对"利"和"仁"进行协调的努力。墨子的这种努力虽然使战争追逐利益的本性浮出水面，但他依然是在排斥战争的基点上展开的，抑或说，墨子对"利"和"仁"的冲突的解决依然徘徊在战争现实之外。作为春秋末期著名军事家的孙子，则是第一个在战争之内平衡和解决"仁""利"之争的人。孙子丰富的战争实践经验决定了他的著作《孙子兵法》首先是一部有关战争指导的兵书。但在这部兵书具体的战略战术背后是孙子对战争与政治、与道德的理性思考，以现代战争法的角度审视，其中蕴含着他对人道需求（"仁"）与军事利益（"利"）这对相冲突的价值要素的选择与协调。

黄朴民先生在考察古代战争与孙子兵学的关系时指出："军事思想的形成和发展取决于诸多条件和各种因素，其中最为重要的，毫无疑义首推战争实践本身。自上古到春秋晚期次数频繁、斗争激烈、空间宽广、式样多种的战争实践，同样也是孙子兵学体系构筑的主要动力。"[1] 孙子在一定程度上继承了早期战争（西周到春秋中期的战争）以"军礼"为指导和制约战争活动的"仁"的价值内核，又在充分尊重他自身所处时代（春秋晚期）的战争实践的基础上宣扬"兵，利也，非好也"的功利战争思想。[2] 以春秋中期为界限的古代战争的发展演变既是孙子兵学中"全胜""不战而屈人之兵""穷寇勿迫"等人道思想与"攻大国""掠于饶野"等功利思想

---

[1] 黄朴民：《孙子兵学与古代战争》，《浙江学刊》1995 年第 2 期。

[2] 具体参见黄朴民：《孙子兵学与古代战争》，《浙江学刊》1995 年第 2 期。

产生碰撞的历史渊源，也是从战争法视角解读孙子"仁"与"利"价值取向冲突的重要因素。孙子对早期战争中"仁"的继承是抽象原则的内化，而非具体规范的效法。① 相比之下，春秋后期的战争才是《孙子兵法》最直接的依据，孙子对这一时期争霸战争胜负的关注很大程度上超过了对前期战争中道德影响力的忠诚。正是这一点使得他的境界远远高于宋襄公之流，也与后代的陋儒有着天壤之别，同时也使得他的战争法思想中的"利"处在高于"仁"的价值位阶之上。

在战争的开始阶段，孙子提倡战胜强立、先发制人，对开战的正当理由和战争权问题态度模棱两可。正义战争理论中关于开战正义的第一条原则就是正当理由原则。卡尔·塞莱曼斯在总结部分最有影响力的战争思想家关于开战理由的论述的基础上，得出了这样的结论："（开战的）正当理由在根本上是对已发生的不义行为进行的修正和／或惩罚，或是对即将发生的不义进行防范。"② 儒家的思想家们在战争问题上十分重视开战的正当理由，开战的正义是他们构筑战争中的"仁"学思想的有机组成部分。孔子的"正名""复礼"，孟子的施行仁政，这些理由在他们那里几乎成为所有战争行动开始的支点。孔孟的"义战"思想凝练出的"仁"的价值取向在

---

① 早期战争"以仁为本，以礼为固"的传统，有很多具体规则的表现，例如《司马法》中的"入罪人之地，无暴神祇，无行田猎，无毁土功，无燔墙屋，无伐林木，无取六畜、禾黍、器械，见其老幼，奉归勿伤。虽遇壮者，不校勿敌，敌若伤之，医药归之"。孙子显然超出了对这些具体规则的效法，为他的"兵以诈立"的用兵原则做好了铺垫。这也是《孙子兵法》具备对春秋后期争霸战争的现实指导意义的原因所在。

② ［比］布鲁诺·考彼尔特斯、［比］尼克·福臣、时殷弘主编：《战争的道德制约：冷战后局部战争的哲学思考》，法律出版社 2003 年版，第 35 页。

孙子的"慎战"主张中获得了一定程度的延续。"主不可怒而兴师，将不可愠而致战"（《孙子·火攻篇》）本身就是"仁"的理性要求。

《孙子兵法》首两篇——"计篇""作战篇"分别从国家战略原则、作战消耗两个层面论证了慎战的重要性和必要性：

兵者，国之大事，死生之地，存亡之道，不可不察也。① （《孙子·计篇》）

凡用兵之法，驰车千驷，革车千乘，带甲十万，千里馈粮；则内外之费，宾客之用，胶漆之材，车甲之奉，日费千金，然后十万之师举矣。② （《孙子·作战篇》）

这是孙子在跳出儒墨两家的"反战""不战"的视野之后对"仁"的坚持与发展。但笔者以为，孙子的"慎战"与开战正义以及战争权问题不可等同。开战正义是对发动战争的理由的约束。现代战争法在废除国家享有普遍的战争权的基础上保留了集体自卫与民族独立和解放两项国家发动战争的正当理由。在具备这些理由的情况下，该国家就获得了战争权。因此从开战的正当理由到战争法中的战争权实际上是"正当理由"使战争权主体特定化的过程。春秋前期的战争中所盛行的"讨不义""诛有罪""禁暴除害""克己复

---

① 曹操等注，袁啸波标校：《孙子》，上海古籍出版社 1995 年版。

② 同上。

礼"等正当理由向战争权规范的转换虽不及现代战争法的思路明晰，但战争权与理由的正当与否直接相关是没有任何分别的。孙子的"慎战"是在国家立场上对待战争的主观态度问题，慎重对待战争是对所有国家的要求，但它因为没有直接表明发动战争的正当理由，所以无法决定这些国家中谁将获得战争权。

孙子所处的时代，战争的残酷性达到了新的程度，"争地以战，杀人盈野，争城以战，杀人盈城"①（《孟子·离娄下》）。随着周政权的彻底覆灭，诸侯国之间谁更具有政权的合法性已成为毫无意义的争论。与孔孟相比，孙子不再将古代社会作为其政治军事理论建构的理想，与传统权威相伴而生的秩序规范也不再是孙子判断战争性质的标准。孙子更看重的是如何辅佐国君在强手林立的战场上立于不败之地，至于战争的理由则无需太多的道德支撑（或者说无需作出正当与非正当之分）。王志平先生从现代思维的高度分析《孙子兵法》时，指出"它没能揭示战争的社会性质"即暗含此意。②如果一定要追问孙子的开战理由的话，可以表述为：经过慎重的决策与谋划，做到知彼知己，有了获胜的把握，就可以发动战争了。所以，在孙子看来，发动战争的理由与条件是相通的。而所有理由和条件指向的宗旨都是对"胜"这样军事利益的追求。无怪乎《孙子·九地篇》称："夫霸王之兵，伐大国，则其众不得聚；威加于敌，则其交不得合。"③具备了"霸王之兵"的条件，即便对手是大

---

① 杨伯峻：《孟子译注》，中华书局 1960 年版。
② 王志平：《论中国古代的兵学与兵法》，《中国军事科学》2000 年第 6 期。
③ 曹操等注，袁啸波标校：《孙子》，上海古籍出版社 1995 年版。

国也未尝不可开战。也正是孙子对利的强调，使得他的慎战思想中所包含的战争理由从儒家的政治伦理层面下降到较为纯粹的军事层面。

在作战阶段，孙子是先秦时期继《司马法》之后第一位重视作战手段规制的人。沃尔泽指出："战争的道德现实分为两个部分。战争总是受到两次判断：一次是关于国家开战的理由；另一次是关于战争中使用的手段。……开战正义要求我们对侵略和自卫作出判断；作战正义则要确定行为是遵守还是违反交战的习惯规则或成文法。"① 儒墨两家因持反战态度，所以多探讨战争性质的正当（"仁"）与否。孙子对开战的正当理由与战争权问题的讳莫如深，表明他对沃尔泽所谓的对战争的第一次道德判断持中立态度，而这种态度的原因在于孙子在战争开始阶段更加偏重功利计算，"利"在战争初始居于至高地位，"仁"仅仅作为"慎战"中一个非决定性的考虑因素，主要的基点则在于"合于利而动，不合于利而止"②（《孙子·火攻篇》）。因此，于汝波先生认为，"（《孙子兵法》）关注的不是战争本身是否仁的问题，而是在战争条件下如何实行仁"。③

"战争条件下如何实行仁"的问题主要涉及交战行为的道德

---

① ［美］迈克尔·沃尔泽：《正义与非正义战争——通过历史实例的道德论证》，任辉献译，江苏人民出版社 2008 年版，第 24 页。

② 曹操等注，袁啸波标校：《孙子》，上海古籍出版社 1995 年版。

③ 于汝波：《略谈〈孙子兵法〉的仁诈辩证统一思想》，《孙子新论集粹》，长征出版社 1992 年版。

规制，类似于现代战争法中的各种交战规则。① 孙子不仅是一位卓越的军事理论家，更是一名驰骋沙场的军事将领，这决定了他对战争中"仁"的理解是从军事斗争的角度出发的。因此孙子对交战规则的设计更接近现代战争法的宗旨——既考虑军事打击的必要性，又兼顾人道主义的需要。除上面提到的"慎战"思想之外，孙子在交战阶段主张的"全胜""伐谋""归师勿遏""围师必阙""惟民是保"等无不是对"仁"这一价值的伸张。但值得注意的是，孙子在交战过程中的"仁"的目的指向是从属于"利"的。《孙子·地形篇》载：

> 故战道必胜，主曰无战，必战可也；战道不胜，主曰必战，无战可也。故进不求名，退不避罪，唯人是保，而利合于主，国之宝也。②

这段话常常被引用以证明孙子的"仁"。"唯人是保"凸显了维护士兵生命权利的人道主义精神，但"利合于主"才是孙子强调的重点。春秋末期，随着战争规模的不断扩大，人对战争的价值得到进一步的认可。孙子将敌对双方的兵力作为判断胜负的重要因

---

① 现代战争法基于主权国家的普遍同意，形成了包括陆战法规、空战法规以及海战法规在内的体系完整的作战规则，其宗旨是实现对战争的人道制约。例如 1907 年《陆战法规和惯例公约》第二篇第一章第 22 条规定："交战者在损害敌人的手段方面，并不拥有无限制的权利"；第 25 条规定："禁止以任何手段攻击和轰击不设防的城镇、村庄、住所和建筑物。"由于古代作战方式所限，当时的作战规则主要指陆战规则。

② 曹操等注，袁啸波标校：《孙子》，上海古籍出版社 1995 年版。

素，用兵打仗必须对双方可能投入的兵力的数量进行衡量对比。"兵法：一曰度，二曰量，三曰数，四曰称，五曰胜。"①（《孙子·形篇》）可见，"唯人是保"的目的应当主要是保存实力，形成"以镒称铢""若决积水于千仞之谿者"的优势地位，从而实现"利合于主"。类似的例子还有很多。孙子说：

> 故车战，得车十乘已（以）上，赏其先得者，而更其旌旗，车杂而乘之卒善而养之，是谓胜敌而益强。②（《孙子·作战篇》）

即对待俘虏与对待缴获敌方的战车一样，都要编入己方的军队，为我所用，善待俘虏的目的是让他真心归附，成为己方的战斗力量，只有这样，才能通过战胜敌人而增强自己的实力。

所以，在具体的作战层面，孙子的"仁"往往是服从并服务于"利"的，或者说孙子在客观效果上的"仁"从属于他的主观动机——战胜攻取之"利"。是否有利于作战效果决定了"仁"的手段运用。当"仁"的实行有损于军事利益时，孙子选择舍"仁"取"利"。孙子的"劫掠"思想可谓他在"仁"与"利"冲突时表现出的对"利"的强烈倾向。

---

① 曹操等注，袁啸波标校：《孙子》，上海古籍出版社1995年版。
② 同上。

善用兵者，役不再籍，粮不三载；取用于国，因粮于敌，故军食可足也。① (《孙子·作战篇》)

重地，吾将继其食。② (《孙子·九地篇》)

凡为客之道……掠于饶野，三军足食。③ (《孙子·九地篇》)

孙子出于对己方军事利益的维护，反复主张进入敌国腹地作战时要保障军需供给，哪怕采取劫掠的方式也在所不惜。此时的孙子显然已被强烈的国家至上主义思想所充斥，敌国公民的财产安全已被军事利益的需求所淹没，"仁"在"利"面前悄然隐退了。

孙子是中国历史上第一个尝试在战争中协调"仁""利"冲突的思想家。虽然他在二者不可兼得时义无反顾地选择了舍"仁"取"利"，但从他"兵贵胜，不贵久"的角度出发，"仁"与"利"实际上是统一的，"取得战争胜利本身就是仁；否则，就是不仁之至。……那些看似'不仁'的做法恰恰是为了实现最大的'仁'"。④ 仁就是利，利也就是仁，这就是孙子在战争法思想价值取向上所坚持的新立场。他的这一立场揭示了"仁"与"利"在某些层面上的共通之处，影响了之后许多军事思想家对战争活动的

---

① 曹操等注，袁啸波标校：《孙子》，上海古籍出版社 1995 年版。

② 同上。

③ 同上。

④ 于汝波：《略谈〈孙子兵法〉的仁诈辩证统一思想》，《孙子新论集粹》，长征出版社 1992 年版。

认识。

多元价值的冲突与选择是法发展的内在动力，如果某一价值要素彻底挤占了其他价值要素的生存空间，那么法也就失去了其生发的源泉。"全部战争法规，就是在战争中贯彻人道主义精神，平衡和协调'军事需要'和'避免不必要的痛苦'的矛盾，提供恰到好处的基本规则、规章和制度。"[①]"人道需求"与"军事必要"是战争法中是一对永恒的矛盾。无论是和平主义者[②]还是现实主义者[③]，在一定程度上都忽视了"人道需求"与"军事必要"之间对立统一的关系，因而要么被强烈的反战情绪所控制，面对严酷的战争现实时无可奈何，要么就成为无限战争的鼓吹者，使战争在真正意义上变成了地狱。而无论是哪一种立场，都会导致战争法的消亡。"仁"与"利"这对价值要素的冲突与协调构成了中国古代战争法思想发展的矛盾运动，它是现代战争法中"人道需求"与"军事必要"在中国古代战争法思想中的反映。正是中国古代的思想家对这对矛盾的自觉认识与理性调和，才使得中国古代的战争法蕴含着巨大的生命潜力。[④]也正是在战国末期，战争中对"利"的追求不断突

---

① 俞正山：《中西战争行为规范的历史演变》，《中国军事科学》1995 年第 4 期。

② 和平主义者认为战争和暴力从根本上就是错误的，在道德上不可能证明任何暴力行为的正当性。

③ 根据现实主义者的观点，每个国家从本性上必然都要追逐自我利益、权力和安全，国家之间为了保证自己的安全和争夺权力、利益必然发生战争。而战争一旦开始，暴力就遵循自身的规律冲破一切道德和法律的限制。

④ 从这一意义上讲，先秦时期的道家思想和法家思想中就无法析出战争法思想的因子。道家可以看作典型的和平主义者。他们认为战争无所谓正当与不正当，排斥一切战争，因此战争法思想不在他们的讨论之列。法家则把功利原则推向了极端，将战争看作富国强兵的手段方式，一切为了战争、一切指向战争。对战争的规制在他们看来是完全多余的，这样一来，战争法思想就失去了存在的基础。

破"仁"对战争的限制，直至秦国统一，战争从春秋战国时期"兄弟舅甥"之国间的战争，退回到王朝帝国与异族之间以力相较的战争，中国古代的战争法思想及其实践在秦统一后的帝国时代也因此逐渐幻化为历史的尘埃。

第四章

杀人之中又有礼：中国古代战争法的规则体系

在战争法理论中，对战争的规制包含两个层次，即开战正义
（jus ad bellum）与交战正义（jus in bello）。沃尔泽说："战争总
是受到两次判断：一次是关于国家开战的理由；另一次是关于战
争中使用的手段。"[①]前者即开战正义，是对战争性质的判断，主
要讨论的是诉诸战争权的问题，即在何种情况下可以使用武力；
后者即交战正义，是对战争行为的判断，主要讨论的是战争进行
中的种种限制性规则。由于"战争是一种恐怖的行径，因此对待
战争应如对待恐怖行径"，[②]不能认为战争状态的存在就提供了使
用包括武力在内的各种手段的普遍权利。现代战争法体系的建立，
就是要通过法律手段，对战争行为进行规制，为武力的使用划定
合法性的边界。在中国古代，面对兵连祸结的社会现实，中国古
代先贤虽然没有使用开战正义与交战正义的概念，但他们也在不
断思考着规制战争的方法和途径。认真梳理和研究中国古代思想
家规制战争的思想，将为我们沟通中国传统政治哲学与现代战争
法理论，推进战争法理论体系的丰富与完善，提供独特的视角和
宝贵的思想资源。

---

① ［美］迈克尔·沃尔泽：《正义与非正义战争》，任辉献译，江苏人民出版社 2008 年版，第
24 页。

② ［比］布鲁诺·考彼尔特斯、［比］尼克·福臣、时殷弘主编：《战争的道德制约：冷战后局
部战争的哲学思考》，法律出版社 2003 年版，第 31 页。

一、"礼"——规制战争的法律依据

（一）"礼"的法律意义考察

在中国古代的战争实践中，各政治实体之间也产生了一系列对战争手段进行限制的战争规则，这些规则构成了军礼的重要内容。虽然这些军礼不能等同于近现代的战争法，但从功能主义的角度观察，它依然作为一种制度性手段，指导和规范着战争行为，为当时的战争划定了合法性的边界。

"礼"是研究中国文化的核心概念，其内容包罗万象。从法律的意义考察，很多学者根据"礼"在中国古代社会所起的作用，把它视为习惯法。如德国法学家罗曼·赫尔佐克就认为，中国古代的"礼"就是习惯法：

> 法的源头是习惯法，这是一种社会常规……历史上曾经有一些国家，它们仅仅靠一套精心制订的习惯法法规去解决问题便已经觉得绰绰有余了。于是人们今天又推测尼罗河流域文化虽然也有成文法，但是这种法律在那里并没有任何实质性的意义，而是相反，那里的法制是按照天神安排的世界秩序 ma'at，也就是按照神明带到世上来的习俗在生活中落实的，而法老的职权就是负责使这种习俗成为现实——在中国，起过与埃及的 ma'at 类似作用的很可能是"礼"，这是当时中

国风俗习惯的总体现。①

　　中国古代独特的文明突破方式及发展路径，决定了中国古代的
"礼"与其他文明类型的习惯法相比，具有不同的内涵、价值及发
展方向。据近代学者王国维的考证，"礼"起源于上古时期的祭祀
活动，本来指的是盛玉祭祀神灵的器皿，名叫若丰，后来推广到把
祭神的酒也称作礼，再后来干脆把祭神的活动都称为"礼"。王氏
的观点，得到很多学者的赞同。在人类早期法律的发展过程中，通
过祭祀仪式体现法律的神意基础，是普遍的现象，正如梅因在讨论
法律的起源时所指出的：

　　　　在每一个社会制度中，都有一种神的影响作为它的基础，
　　并支持着它。在每一古代法律中，在每一政治思想雏形中，
　　到处都可以遇到这种信念的征象。那时候所有的根本制度如
　　"国家""种族"和"家族"都是假定为贡献给一个超自然的主
　　宰，并由这个主宰把它们结合在一起的。在这些制度所包含
　　的各种不同关系中集合起来的人们，必然地要定期举行公共
　　的祭礼，供奉公共的祭品，他们时时为了祈求赦免因无意或
　　疏忽的侮慢而招惹的刑罚举行着斋戒和赎罪，在这中间这种
　　同样的义务甚至被更有意义地承认着。②

① 转引自马小红：《礼与法——法的历史连接》，北京大学出版社 2004 年版，第 70 页。
② ［英］梅因著：《古代法》，沈景一译，商务印书馆 1995 年版，第 4 页。

　　然而，中国古代的"礼"虽也借助于上天和自然来阐释自己的神秘性与合理性，但与西方古代的习惯法相比又不完全相同。根据《礼记·礼运》的记载，古人认为"夫礼，先王以承天之道，以治人之情，故失之者死，得之者生。……是故夫礼，必本于天，殽（效）于地，列于鬼神，达于丧祭射御、冠昏朝聘。故圣人以礼示之，故天下国家可得而正也"①。也就是说，礼得之于天，效法于地，配合鬼神，贯彻到丧葬、祭祀、射箭、驾御、加冠、结婚、朝会、交聘等各种社会活动中。可见，从内容来看，中国古代的"礼"植根于人们的日常生活与人情之中，"神事"与"人事"的结合乃是"礼"的重要特征。

　　因此，有学者认为"礼源于祭祀"还不能完全准确地解释礼的丰富内涵。如，刘师培就提出了"礼源于俗"的观点。他说："上古之时，礼源于俗。典礼变迁，可以考民风之同异。"②杨宽则对"礼源于俗"的观点进行了进一步阐发，认为"礼"起源于氏族制末期的一套传统习惯，这些习惯在氏族社会是氏族成员自觉遵守的规范。而到贵族阶级的产生和国家的出现后，贵族就利用其中某些习惯并加以改变和发展，逐渐形成各种礼。③杨向奎也认为，"礼的来源很早，它起源于原始社会。广义的礼，社会制度、风俗习惯无所不包；狭义的礼，主要包括两方面：（1）礼物交换；（2）人们

①　陈澔：《礼记集说》，上海古籍出版社1993年版。

②　转引自刘丰：《先秦礼学思想及社会的整合》，中国人民大学出版社2003年版，第4页。

③　转引自陈来：《古代宗教与伦理》，生活·读书·新知三联书店2009年版，第263页。

交往中的仪式行为"。① 陈来先生则认为："关于礼的起源，正如其他一切事物或观念的起源一样，不可能仅仅依靠汉字的字源学考释来解决。如由甲骨文的'礼'字来看，礼字取义主要是祭祀礼仪，这只能说明该字形产生时代所主要依据的情形，这既不能排除在更古远时代'礼俗'的情形，也不一定可以涵盖文字产生时'礼'的所有方面。"② "'礼'在后来的发展，并非直接继承了祭祀仪式意义上的礼，更重要的是原始社会中祭祀乃是团体的活动，而团体的祭祀活动具有一定的团体秩序，包含着种种行为的规定。'礼'一方面继承了这种社群团体内部秩序规定的传统，一方面发展为各种具体的行为规范和各种人际关系的行为仪节。"③

综合学者们对于"礼"的起源的研究和考证，可以看出在"礼"的发展过程中，贯穿着宗教祭祀与氏族习惯因素的共同影响，因而"礼"的内容既体现了祭祀活动中所确立的等级原则，又表达了建基于氏族血缘关系之上的伦理道德与亲和情感，并逐渐成为"中国古代维持社会、政治、伦理秩序，巩固等级制度，调整人与人之间的各种社会关系和权利义务的规范与准则"。④

经过西周时期的"周公制礼"，"礼"进一步被制度化，它构造了一整套整合君臣、上下关系的规范，成为国家政治生活的基本原则："礼之于正国也，犹衡之于轻重也，绳墨之于曲直也，规

---

① 杨向奎：《宗周社会与礼乐文明》，人民出版社 1992 年版，第 33 页。
② 陈来：《古代宗教与伦理》，生活·读书·新知三联书店 2009 年版，第 261 页。
③ 同上书，第 244 页。
④ 史广全：《礼法融合与中国传统法律文化的历史演进》，法律出版社 2006 年版，第 55 页。

矩之于方圆也"①（《礼记·经解》），"夫礼，天之经也，地之义也，民之行也"②（《左传·昭公二十五年》），"礼，上下之纪、天地之经纬也，民之所以生也，是以先王尚之"③（《左传·昭公二十五年》）。侯外庐先生很早就指出了"礼"所表达的制度意义与权力关系："所谓周公作礼就是由宗庙的礼器固定化做氏族专政的宗礼……礼器就是所获物与支配权二者的合一体，由人格的物化转变而为物化了的人格，换言之，尊爵就是富贵不分的公室子孙的专政形式。"④"由于周人的政治宗教化，在思想意识上便产生了所谓'礼'。'礼'是一种特别的政权形式……这一种制度，藏在尊爵彝器的神物之中，这种宗庙社稷的重器代替了古代法律，形成了统治者利用阶级分化而实行专政的制度；这种权利义务专及于一个阶级的形式，完全是为了周代氏族贵族而设的一套机械。"⑤

总之，经过殷周之际的剧变，西周的政治形态更加成熟，"礼"也由宗教信仰、氏族习惯演化为体现一定权力义务关系的国家法度。

（二）战争与"礼"的连接

战争与具有法律功能的"礼"之间的联系，是靠"刑"的概念

---

① 陈澔：《礼记集说》，上海古籍出版社 1993 年版。
② 杨伯峻：《春秋左传注》，中华书局 1990 年版。
③ 同上。
④ 侯外庐：《中国思想通史》第一卷，人民出版社 1957 年版，第 15 页。
⑤ 同上书，第 78 页。

来完成的。正如前文所述，刑起源于部族之间的战争，本意是对异族的惩罚。礼与刑在国家形成之初就密切联系在一起。《尚书·吕刑》："伯夷降典，折民惟刑。"《大传》引此句作"伯夷降典礼，折民以刑"。《尚书·尧典下》又说："帝曰：'咨，四岳，有能典朕三礼？'佥曰：'伯夷。'"① 伯夷典礼而又兼作五刑，说明礼与刑在上古是相通的。周初周公"制礼作乐"，奠定了以礼治国的基础，而礼治则内在地包含了刑赏的内容。杨向奎先生认为，"礼有礼仪及威仪，礼仪即礼，威仪即刑；而仪、刑古为同义字，在周书《吕刑》中，威仪遂与刑法为一体"。② 《左传·襄公二十六年》载声子（公孙归生）之言："古之治民者，劝赏而畏刑，恤民不倦。"并把劝赏、畏刑、恤民三者，看作"礼之大节"。《左传·文公十八年》载太史克言："先君周公制《周礼》曰：'则以观德，德以处事，事以度功，功以食民。'作《誓命》曰：'毁则为贼，掩贼为藏。窃贿为盗，盗器为奸。主藏之名，赖奸之用，为大凶德，有常，无赦。在九刑不忘。'"③ "毁则"即毁弃礼则之义，此行为要受到"九刑"的惩罚。

由此可以看出，周公制礼的同时，也包括了对违礼的行为以刑罚来处置。据当代学者考证，当时对违礼行为使用的制裁方式主要有：讥讽、责让、诘难、卑贬（包括拒朝、降礼秩、贬爵级、留让、执）、夺邑、鞭挞、放逐、辕刖、杀戮、征伐、取灭十一种。

---

① 孙星衍：《尚书今古文注疏》，中华书局 2004 年版。

② 杨向奎：《宗周社会与礼乐文明》，人民出版社 1992 年版，第 279 页。

③ 杨伯峻：《春秋左传注》，中华书局 1990 年版。

其中，讥讽、责让、诘难属于舆论制裁，其他方式属于国家强制力制裁，如行政处分（卑贬）、治安处分（鞭挞）、刑罚（夺邑、放逐、辕刖、杀戮、征伐、取灭）等，[①]其中征伐即战争是惩治违礼行为的一种重要的刑罚方式。

战争所具有的刑罚性质，使其获得了为维护礼治而存在的法理依据。所谓"失礼入刑"，意即对于违礼的行为要使用包括战争在内的刑罚手段。

《国语·周语上》载：

> 夫先王之制，邦内甸服，邦外侯服，侯卫宾服，蛮夷要服，戎狄荒服。甸服者祭，侯服者祀，宾服者享，要服者贡，荒服者王。……有不祭则修意，有不礼则修言，有不享则修文，有不贡则修名，有不王则修德，序成而有不至则修刑。于是乎有刑不祭、伐不祀、征不享、让不贡、告不王；于是乎有刑罚之辟，有攻伐之兵，有征讨之备，有威让之令，有文告之辞。[②]

这段文字清晰地阐明了周代"礼"与战争之间的关系：各诸侯必须按各自的等级以及与周天子血缘的亲疏臣服于周王朝，这就是"礼"，不然就是违礼。对违礼贵族，周天子先是"修文""修德"，

---

① 刘丰：《先秦礼学思想与社会的整合》，中国人民大学出版社2003年版，第177页。
② 上海师范学院古籍整理组校点：《国语》，上海古籍出版社1978年版。

再违反，就要使用刑罚了，于是有"攻伐""征讨"等等。在这里，战争作为对违礼行为的救济手段而获得了合法性证明。在当时的人们看来，合礼的战争是合法的，违礼的战争是非法的。《左传》中记载的大量战例，往往被评价为"礼也"或"非礼也"，就是明证。著名兵书《司马法》主张战争中要做到"以礼为固，以仁为胜"（《司马法·天子之义》）[1]，把"兴甲兵以讨不义"（《司马法·仁本》）[2] 作为从事战争活动的根本目的和原则，也体现了这种认识。

二、中国古代的开战规则 ——

开战正义所讨论的，是发动战争的权利问题。西方法学家从人的自然权利出发，论证了人们发动战争的合法性根据，并以此为基点构建了战争法理论。格劳秀斯说："如果发动战争的目的是为了保全我们的生命和身体完整，以及获得或拥有那些对生活来说是必要的和有用的东西的话，那么都是完全与那些自然法原则相一致的。在这些场合，如果有必要使用武力，也绝不会与自然法的原则相冲突，因为所有的动物天生就被赋予力量，以便足以保全和保

---

[1] 《司马法》，上海古籍出版社 1990 年版。
[2] 同上。

护自己。"① 他在考察了《圣经》中有关战争的记载以后，进一步指出，"战争的正义性并不被《福音书》法所剥夺"②；因为人具有保护自己生命与财产不受侵害的本能，因此基于这种目的而进行的战争既不被自然法所禁止，也不被神意法所谴责。

而如前文所述，在中国古代关于战争的认识和定义中，战争并不仅仅是一种事实上的纷争状态，而是掺杂着战争主体之间伦理关系的道德实践活动。战争的发动者和战争对象是战争概念本身的构成要素，并且与战争的正义性直接相关。因此中国古代思想家对于开战正义的理解，其认识路径、价值依据都迥异于西方法学家。依据当时的标准来看，所谓正义的战争就是战争主体与战争目的都合乎"礼"的战争。

（一）战争主体合于"礼"

这一问题所探讨的是战争主体的资格，即什么样的人才有资格和权力发动战争。在中国古代，人们对战争主体资格的认识，经历了从关注战争主体身份到关注战争主体的内在道德的变化。

1. 战争主体符合"礼"的身份限制

正如我们已经论述过的，"礼"在早期国家形成过程中，逐步演化为君王手中的权力。这种权力是一种国家权力，是治国安邦的根本法度："是故礼者，君之大柄也。所以别嫌明微，傧鬼神，考

---

① ［荷］格劳秀斯:《战争与和平法》，何勤华等译，上海人民出版社 2005 年版，第 50 页。
② 同上书，第 61 页。

制度，别仁义，所以治政安君也"（《礼记·礼运》）①。因此，在一个君臣有序、合乎礼治的政治环境里，只有天子才拥有使用战争暴力的最高决定权，这就是孔子所说的"天下有道，则礼乐征伐自天子出；天下无道，礼乐征伐自诸侯出"（《论语·季氏》）②。从理论上讲，只有天子发动的战争，才是合礼、合法的。

这一点可以从古代王权的来源与构成得到说明。从权力发展的途径看，战争是王权的重要来源，使用战争暴力的权力即征伐之权是王权重要的组成部分。

王权与战争之间的关系，《吕氏春秋》中有形象的描述：

> 兵所自来者久矣。黄、炎故用水火矣。共工氏固次作难矣。五帝固相与争矣。递兴废胜者用事。又曰蚩尤作兵。蚩尤非作兵也，利其械矣。未有蚩尤之时，民固剥林木以战矣。胜者为长，长则犹不足治之，故立君；君又不足以治之，故立天子。天子之立也出于君，君之立也出于长，长之立也出于争。③（《吕氏春秋·荡兵篇》）

天子之位的产生，乃是"争"的结果，争即战，战争是中国古代王权产生的具体途径。

当代学者通过对周代册命礼制的研究，进一步证明战争不但在

---

① 陈澔：《礼记集说》，上海古籍出版社1993年版。
② 朱熹：《四书章句集注·论语集注》，中华书局1993年版。
③ 许维遹：《吕氏春秋集释》，中国书店1985年版。

王权产生过程中具有决定作用，而且战争权也成为王权最重要的组成部分。据很多传世文献如《周礼》《逸周书》等的记载，周代举行册命仪式时，周王一定要立于太室阶上，画有大斧的屏风之前，南向；接受册命者，立于中庭，北向。在夏商周时期，大斧是征伐权力的象征。① 文化人类学的研究认为，仪式本身就是一种象征性的陈述形式，仪式帮助统治者实现对其他人的权威。当仪式中的受令者最初接受了约束性的仪式语言时，这也意味着他接受了处在高位的施令者。所以，在周代举行册命仪式时，王立于画有大斧的屏风之前，就象征着王权中含有征伐之权。

德国社会学家马克斯·韦伯认为，区别国家同其他政治组织形式的最显著的标准，就是国家对武力使用的垄断。② 坚持"礼乐征伐出于天子"，就是要维护周天子权力的完整性。"天子将出征，类乎上帝，宜乎社，造乎祢，祃于所征之地，受命于祖，受成于学。出征执有罪反，释奠于学，以讯馘告"（《礼记·王制》）③，天子行使征伐之权，循天道而合乎礼。而春秋时期出现的诸侯行使征伐之权的现象，无疑是对天子权力的僭越，也是对礼的破坏，故而以孔子为代表的儒家学者认为这乃是天下无道的表现。

2. 战争主体合于"礼"的道德要求

如果说"礼乐征伐自天子出"反映了西周礼乐盛世的景象，

---

① 王震中：《中国文明起源的比较研究》，陕西人民出版社 1994 年版，第 369—370 页。

② 转引自［比］布鲁诺·考彼尔特斯、［比］尼克·福臣、时殷弘主编：《战争的道德制约：冷战后局部战争的哲学思考》，法律出版社 2003 年版，第 48 页。

③ 陈澔：《礼记集说》，上海古籍出版社 1987 年版。

"礼乐征伐自诸侯出"则是春秋战国之际的社会现实，因而这一时期的思想家对战争主体的认识渐渐突破了孔子所坚持的身份限制，而引入了对统治者的道德诉求。如孟子就认为，战争的主体必须是"天吏"。所谓"天吏"，就是那些广施仁政，处处代表民众利益的国君和军队。当沈同问孟子，燕国可不可以讨伐时，孟子说，燕国暴虐无道，可以讨伐。然而谁有资格讨伐呢？孟子说："为天吏，则可以伐之。"（《孟子·公孙丑下》）①

这一发展变化，可以从中国古代王权的合法性基础得到说明。哈贝马斯说："在不求助于合法化的情况下，没有一种政治系统能成功地保证大众的持久性忠诚，即保证其成员意志的遵从。"② 这句话的启发意义在于，对于君主的政治权力而言，暴力手段所能发挥的作用是有限度的。马克斯·韦伯从社会学的分析角度入手，讨论了中国古代君主权力的产生。他用卡里斯马这一概念来指称君主统治的权威，他说"卡里斯马这个词应被理解为一个人的一种非凡的品质。'卡里斯马权威'则应被理解为对人的一种统治，被统治者凭着对这位特定的个人的这种品质的信任而服从这种统治"。③ 他在讨论中国古代君权的来源时说："有一点对于文化发展至关重要，即：战争君主的军事卡里斯马与（通常是：气象学）术士的和平主义卡里斯马两者是否掌握在一只手中这样一个问题。答案如果是肯定的，问题则是：两种卡里斯马中的哪一种最初成为君主权力发展

① 朱熹：《四书章句集注·孟子集注》，中华书局 1993 年版。

② 转引自宫玉振：《中国战略文化解析》，军事科学出版社 2002 年版，第 58 页。

③ ［德］马克斯·韦伯：《儒教与道教》，王容芬译，商务印书馆 1995 年版，第 35 页。

的基础？"①

韦伯所讨论的，事实上是王权的合法性基础是建立在军事实力
还是伦理道德之上，在他看来，中国古代王权的基础更多的是在于
后者。他说，

> 帝王的神秘卡里斯马固然必须用战果来证明，但主要还
> 要靠风调雨顺、五谷丰登、国泰民安来证明。但是，他为了
> 有卡里斯马才能所必须具备的个人品质，却被礼仪论者和哲
> 学家相继变成了礼仪和伦理：他必须按照古代经书的礼仪和
> 伦理规定生活。因此，中国的君主首先是一个大祭司，译成
> 伦理语言的古代神秘宗教的乞雨师。由于伦理化了的'天'
> 保护着一种永恒的秩序，所以君主的卡里斯马取决于他的
> 德性。②

中国古代王权的基础主要在于伦理道德，这一点对于理解古代
先贤对战争的态度至关重要。中国古代王权的德性基础，是通过
"祀"的形式表现出来的。《左传·成公十三年》中说："国之大事，
在祀与戎。""戎"代表的就是韦伯所说的"战斗君主的军事卡里斯
马"，它所表达的就是王权源于军事权的一面，前文已经论述了战
争在王权发展和构成中的作用。而"祀"所代表的就是韦伯所说的

---

① ［德］马克斯·韦伯：《儒教与道教》，王容芬译，商务印书馆 1995 年版，第 77 页。
② 同上书，第 78 页。

"术士的和平主义卡里斯马"，它所表达的就是王权源于宗教神性的一面。正如韦伯已经分析的那样，就中国三代王权的合法性而言，"祀"的重要性并不在"戎"之下。"在中国古代，祭祀是保持、传承信仰的载体和方式"①，值得注意的是，在西周时期，韦伯所说的"术士的和平主义卡里斯马"就融入了伦理道德的内容，也就是说，王权的宗教神性的一面呈现出道德化的倾向，这从《左传》的一段记载中能够得到说明。

据《左传·宣公三年》记载，楚庄王觊觎中原王权，问九鼎之大小轻重，周大夫王孙满对曰，

> 在德不在鼎。昔夏之方有德也，远方图物，贡金九牧，铸鼎象物，百物而为之备，使民知神、奸。故民入川泽、山林，不逢不若。螭魅罔两，莫能逢之，用能协于上下，以承天休。桀有昏德，鼎迁于商，载祀六百。商纣暴虐，鼎迁于周。德之休明，虽小，重也；其奸回昏乱，虽大，轻也。天祚明德，有所底止。成王定鼎于郏鄏，卜世三十，卜年七百，天所命也。周德虽衰，天命未改，鼎之轻重，未可问也。②

在夏、商、周时代，鼎一直是祭祀用的礼器，《公羊传·桓公二年》何休注："礼祭，天子九鼎，诸侯七，大夫五，元士三

---

① 陈来：《古代思想文化的世界——春秋时代的宗教、伦理与社会思想》，生活·读书·新知三联书店 2002 年版，第 127 页。

② 杨伯峻：《春秋左传注》，中华书局 1990 年版。

也。"① 九鼎是天子祭祀用的重器，对九鼎的独占也就是对宗教祭祀权力的垄断，是王朝合法性的象征，而"在德不在鼎"所表达的则是王权中的宗教神性与伦理道德的结合，也就是韦伯所说的"君主的卡里斯马取决于他的德性"。

从周初的统治经验来看，周人认为周以"小邦周"打败"大邦殷"，固然有军事上的胜利，但更重要的还取决于"德"：

> 我不可不监于有夏，亦不可不监于有殷。我不敢知曰，有夏服天命，惟有历年，我不敢知曰，不其延；惟不敬厥德，乃早坠厥命。我不敢知曰，有殷受天命，惟有历年，我不敢知曰，不其延；惟不敬厥德，乃早坠厥命。(《尚书·召诰》) ②

夏、商都是曾有过"天命"的，但由于"不敬厥德"，所以"早坠天命"，于是在周人看来，保持天命的办法，就在于修德。德的具体含义则是敬天保民。由于"天聪明，自我民聪明；天明畏，自我民明畏"(《尚书·皋陶谟》) ③，上帝是通过民情来判断统治者是否有德的，所以，对于统治者来说，"施实德于民，至于婚友，丕乃敢大言，汝有积德"(《尚书·盘庚》) ④。只有广泛施德于民，才能证明自己有德。同时，统治者也只有爱护百姓，才能争得民心，稳

---

① 何休：《春秋公羊传注疏》，中华书局影印聚珍仿宋版。

② 孙星衍：《尚书今古文注疏》，中华书局 1986 年版，第 398—399 页。

③ 同上。

④ 同上。

固政权，从而感动上帝，获得天命，即"克明俊德，以亲九族，九族既睦。平章百姓，百姓昭明。协和万邦，黎民于变时雍"（《尚书·尧典》）[①]。

周人的这一认识，表明关于政治权力合法性的观念，在中国早期国家发展的过程中，已经融进了关于统治者德行的评价内容。

这一发展变化，在周礼中也有相当具体的体现。周人根据"德"来解释天命的变迁，并逐渐形成了以"德"为核心的一整套政治理论，而"礼"则成了德政的外在标志和体现，是对德政思想的制度总结。诚如王国维所指出的，周人的制度创设，其目的在于"纳上下于道德，而合天子、诸侯、卿、大夫、士、庶民以成一道德之团体"。"周之制度典礼，实皆为道德而设"，或者说"乃道德之器械"。无论是从理论设计还是从制度实践来看，周代的"礼"都贯穿、体现着"德"的精神，而古代文献中关于"礼"的意义结构的阐述，也主要诉之于"德"的话语体系。例如《左传》记载：

招携以礼，怀远以德，德礼不易，无人不怀。（《左传·僖公七年》）

先君周公制周礼曰：则以观德，德以处事。（《左传·文公十八年》）

（韩宣子）观书于大史氏，见易、象与鲁春秋，曰：周礼尽在鲁矣，吾乃今知周公之德与周之所以王也。（《左传·昭公

[①] 孙星衍：《尚书今古文注疏》，中华书局 1986 年版。

二年》）①

其他的一些典籍中也记载：

> 成礼义，德之则也。②（《国语·周语上》）
> 礼乐皆得，谓之有德。③（《礼记·乐记》）

由此可见，"德"乃"礼"背后的人文动机，"礼"乃是"德"的制度化表达，正如杨向奎所总结的："礼的规范行为派生出德的思想体系。德是对礼的修正和补充。"④陈来则以"德感文化"来界定西周的文化品格，⑤随着周初统治秩序的建立，这一文化品格也影响到战争领域，使道德也介入了对战争的判断。孟子提出的"天吏"，则表明周人把对统治者的德行评价，引入了对战争主体合法资格的讨论，这也显示出孟子比孔子更为彻底的道德主义倾向。

（二）战争目的合于"礼"

随着春秋战国之际王室衰微、权力下移，以"礼"为核心探讨三代的治乱兴衰，成为这一时期思想家们思考的重心。在对待战争

---

① 杨伯峻：《春秋左传注》，中华书局 1990 年版。
② 上海师范学院古籍整理组校点：《国语》，上海古籍出版社 1978 年版。
③ 陈澔：《礼记集说》，上海古籍出版社 1987 年版。
④ 杨向奎：《宗周社会与礼乐文明》，人民出版社 1992 年版，第 331 页。
⑤ 陈来：《古代宗教与伦理》，生活·读书·新知三联书店 2009 年版，第 9 页。

问题上，他们不再拘泥于战争主体是否合法的讨论，而更多地从战争目的是否合乎礼来判断战争是否合法。战争目的是否合礼，主要有以下判断标准：

1. 战争目的在于维护"礼"的宗法性

如前文所述，"礼"起源于原始氏族社会，西周时期发展为国家法度。历史地看，周礼实际上是殷周之际的制度损益的产物。孔子说："殷因于夏礼，所损益，可知也；周因于殷礼，所损益，可知也；其或继周者，虽百世可知也。"（《论语·为政》）《礼记·表记》中比较了夏礼、殷礼与周礼的差别：

> 夏道尊命，事鬼敬神而远之，近人而忠焉，先禄而后威，先赏而后罚，亲而不尊……殷人尊神，率民以事神，先鬼而后礼，先罚而后赏，尊而不亲……周人尊礼尚施，事鬼敬神而远之，近人而忠焉，其赏罚用爵列，亲而不尊。[①]

陈来认为，这段描述从如何实施赏罚的政治角度对三代进行了区分，"周人主要通过宗法等级（爵列）制的礼来替代赏罚的规范功能。'亲而不尊'似提示夏的氏族制与周的由氏族制转化而来的宗法制，对待血缘关系方面具有接近的性格，以及对'民'的较为宽和的态度"。[②] 由此也可以看出，周礼事实上更加关注政治制

---

① 陈澔：《礼记集说》，上海古籍出版社 1987 年版。

② 陈来：《古代的宗教与伦理》，生活·读书·新知三联书店 2009 年版，第 308—309 页。

度的构建。王国维在《殷周制度论》中说："中国政治与文化之变革，莫剧于殷周之际"；而"周人制度之大异于商者，一曰立嫡之制，由是而生宗法及丧服之制，并由是而有封建子弟之制，君天子诸侯之制。二曰庙数之制。三曰同姓不婚之制。此数者皆周所以纲纪天下，其旨则在纳上下于道德，而合天子、诸侯、卿、大夫、士、庶民以成一道德之团体"。① 王国维所说的以嫡长子为中心的王位继承制度，实质上就是宗法政治结构，"周礼创设的背后隐匿着的人文动机正是把宗法关系通过政治法律上的强制而制度化、形式化，以确立高度'同构'的政治、社会制度……甚至可以说，周礼就是宗法关系的形式化表达，表现了建构于其中的宗法政治结构和社会结构"。② 李泽厚也曾对周礼的特征作出深刻的总结："所谓'周礼'，其特征确是将以祭神（祖先）为核心的原始礼仪，加以改造制作，予以系统化、扩展化，成为一整套宗法制的习惯统治法规（'仪制'）。以血缘父家长制为基础（亲亲）的等级制度是这套法规的骨脊，分封、世袭、井田、宗法等政治经济体制则是它的延伸扩展。"③

正因为宗法性乃是"礼"的核心价值，因而有利于维护宗法等级秩序的社会行为，就被看作是合于"礼"的。而这一标准，也同样被用于评价当时的战争。这在孔子的思想体系中表现得最为典型。作为三代礼乐文明的继承者，以孔子为代表的儒家学派着力

---

① 王国维：《观堂集林》，中华书局 1959 年版。
② 郑开：《德礼之间——前诸子时期的思想史》，生活·读书·新知三联书店 2009 年版，第 79 页。
③ 李泽厚：《中国古代思想史论》，安徽文艺出版社 1994 年版，第 14—15 页。

于"礼"的永恒价值的宣扬、"礼"的情感基础的维护。从理想的终极追求上，孔子渴望恢复西周的礼乐盛世，认为"礼乐征伐自天子出"的社会才合乎礼治。但在现实层面，他在一定程度上又表现出政治家的变通，在实践中他并不彻底否定由诸侯发起的战争，而是更加关注战争的最终目的是否维护了"礼"的核心价值——宗法等级。正如萧公权先生所论述，"孔子殆知周礼之不能尽复于一旦，故每求其次，凡对封建制度有利之行为，虽不合于最高标准，亦加以相对之许可。于是诸侯争霸，大夫执国，亦得蒙'实与'之辞"。①

这突出地表现在孔子对齐桓公争霸战争的评价上，他说："桓公九合诸侯，不以兵车，管仲之力也。如其仁！如其仁！"（桓公能够主持诸侯的会盟，是管仲之力，谁还能达到这样的"仁"呢！），"管仲相桓公，霸诸侯，一匡天下，民到于今受其赐"（管仲辅佐桓公，称霸诸侯，匡正天下，老百姓到现在还在受到他们的恩惠）（《论语·宪问》）。② 史华兹说："孔子本人并没有完全抛弃人类事务中强力和刑法的作用，因而，在对待霸主时就表现出某种模棱两可的态度。"③ 在孔子看来，齐桓公虽然以诸侯的身份行使了征伐之权，表面看来是违礼的，但他所从事的争霸战争，始终打着"尊王"的旗号，把"以诛无道，以屏周室"确定为基本战略目标，并

---

① 萧公权：《中国政治思想史》，辽宁教育出版社 1998 年版，第 73 页。

② 朱熹：《四书章句集注·论语集注》，中华书局 1993 年版。

③ ［美］本杰明·史华兹：《古代中国的思想世界》，程钢译，江苏人民出版社 2004 年版，第 313 页。

未越天子的名分，而这种名分正是礼最直接的表现形式，孔子认为，"名不正，则言不顺；言不顺，则事不成；事不成，则礼乐不兴；礼乐不兴，则刑罚不中；刑罚不中，则民无所措手足"（《论语·子路》）①，《礼记·大传》篇说："名者人治之大者也，可无慎乎。"② 这里的"名"不是简单的事物的称谓，而是一种社会关系，即社会等级序列中的"名位""名分"，"名位不同，礼亦异数，不以礼假人"（《左传·庄公十八年》），③ 所以孔子强调"唯器与名，不可以假人"（《左传·成公二年》）④。可见，"名"与礼密切相关，它规定了社会中的人拥有的权力和应尽的义务。以礼治国首先就要用礼制的等级名分来匡正现实。在孔子看来，齐桓公争霸战争的目的在于匡正天下秩序，维护天子的名分和权威，实质上维护了礼，因而是合法的。

从历史记载的孔子不多的几次军事实践中，也可以看出孔子的这种思想认识：

《论语》中记载：

> 陈成子弑简公。孔子沐浴而朝，告于哀公曰："陈恒弑其君，请讨之。"（《论语·子路》）⑤

---

① 朱熹：《四书章句集注·论语集注》，中华书局 1993 年版。
② 陈澔：《礼记集说》，上海古籍出版社 1987 年版。
③ 杨伯峻：《春秋左传注》，中华书局 1990 年版。
④ 同上。
⑤ 朱熹：《四书章句集注·论语集注》，中华书局 1993 年版。

对于陈恒以臣弑君、严重践踏礼的行为，孔子甚至要亲自进行征讨。

《论语》中还记载：

> 季氏富于周公，而求也为之聚敛而附益之。子曰："非吾徒也，小子鸣鼓而攻之，可也。"（《论语·先进》）①

孔子认为鲁国贵族季孙以诸侯之卿的身份，却"富于周公"，破坏了礼，而自己的学生冉求为季孙"聚敛而附益之"，所以他号召弟子们应对其"鸣鼓而攻之"，以暴力手段讨伐冉求。

孔子的思想代表了早期儒家学者对于"礼"的宗法性的维护，同时，这一思想也是对西周至春秋中期的政治实践、战争经验的总结。

2. 战争目的在于维护"礼"的等级性

"礼"在政治层面其实兼有宗法性和等级性的双重特征。春秋末期，诸侯国之间的血缘关系日益被地缘关系所取代，政治层面的宗法结构逐渐崩溃瓦解，"礼"的宗法性一面也遭到了非议和否定，然而"礼"的等级性的一面却因其适应君权专制的政治需求而被保存、利用和强化。《墨子·经说上》说："礼，贵者公，贱者名，而俱有敬僈焉，等异论也。"②意思是"礼"有贵贱尊卑等

① 朱熹：《四书章句集注·论语集注》，中华书局1993年版。
② 孙诒让：《墨子间诂》，中华书局1986年版。

差之异，基于此，墨子在政治上将社会中的人理解为等级性的存在，将人的各种社会关系归结为等级关系。法家的代表人物韩非则把礼解释为"君臣父子之交""贵贱贤不肖之所以别"，指出政治之礼在本质上是君臣、父子、贵贱、贤不肖等的划分标准。韩非同时指出"君臣之际，非父子之亲也"（《韩非子·难一》）[①]，即君臣之间不再是父子间的亲缘关系，以此来说明君臣关系的宗法血缘基础的丧失，君臣关系中宗法性的消亡。在当时的人们看来，随着社会的发展变化，"礼"所包含的等级标准也在改变："古人亟于德，中世逐于智，当今争于力"（《韩非子·八说》）[②]；"上古竞于道德，中世逐于智谋，当今争于气力"（《韩非子·五蠹》）。[③] 在力功争强，胜者为右的战国时期，等级划分的标准不再是宗法血缘关系而是国家实力。"力多则人朝，力寡则朝于人，故明君务力"（《韩非子·显学》）[④]，商鞅说"力生强，强生威，威生德，德生于力"（《商君书·靳令》）[⑤]，"无力，则其国必削"（《商君书·农战》）[⑥]，《孙膑兵法》中说的"战胜而强立，故天下服矣"，[⑦] 表达的都是这样的思想。

这一思想反映在战争领域，就是对兼并战争的肯定。在当时的

---

① 姜俊俊标校：《韩非子》，上海古籍出版社 1996 年版。

② 同上。

③ 同上。

④ 同上。

⑤ 蒋礼鸿：《商君书锥指》，中华书局 1986 年版。

⑥ 同上。

⑦ 银雀山汉墓竹简整理小组编：《银雀山汉墓竹简·孙膑兵法》，文物出版社 1985 年版。

人们看来，社会动荡的原因就在于等级秩序遭到了破坏，要改变这样的现实，就要尽快恢复天下的等级有序。而战争则是重构天下等级的最有效的途径，因而只要战争的目的在于恢复天下的等级，这样的战争就是合礼、合法的。商鞅说："故以战去战，虽战可也；以杀去杀，虽杀可也"（《商君书·画策》）。[1]《韩非子》中说："夫战者，万乘之存亡也"（《韩非子·初见秦》）。[2] 著名军事家孙子则说："夫霸王之兵，伐大国，则其众不得聚；威加于敌，则其交不得合。是故不争天下之交，不养天下之权，信己之私，威加于敌，故其城可拔，其国可隳"（《孙子·九地篇》），战争的目的在于"胜敌而益强"（《孙子·作战篇》）。[3] 这些论述都体现了灭敌国、兴新政，以战争手段重构天下等级的思想。

3. 战争目的在于维护"礼"的罚罪性

在现代战争法理论中，损害的构成乃是合法使用武力的先决条件。正如康德所说"开始战争的权利是由于任何明显的损害行为而构成。……如果在战争状态的时期存在什么权利的话，那必须假定有某种类似契约的东西，它包含宣战的一方和另一方都承认的内容，这也等于事实上敌对双方都愿意用这种办法去寻求他们的权利"，而根据某些原则去进行战争，其目的也在于"使得各个国家在它们彼此的外部关系中，摆脱自然状态进入一个权利的社会"。[4]

---

① 蒋礼鸿：《商君书锥指》，中华书局 1986 年版。

② 姜俊俊标校：《韩非子》，上海古籍出版社 1996 年版。

③ 曹操等注，袁啸波标校：《孙子》，上海古籍出版社 1995 年版。

④ ［德］康德：《法的形而上学原理——权利的科学》，沈叔平译，商务印书馆 2001 年版，第 183 页。

这是因为现代战争法调整的是平等政治主体在战争状态下的权利义务关系，战争不能作为惩罚手段被使用。"因为惩罚仅仅是指一个职位高的人对一个臣民才能发生的关系，这不是国家之间的相互关系。一切国际战争，既不可能是'摧毁性的战争'，甚至也不可能是'征服的战争'。"①

而中国古代的战争规则则与此大异其趣。如前文所述，从中国早期国家与法的起源来看，礼治内在地包含了刑赏的内容，战争是作为对违礼行为的刑罚手段而存在的，吊民伐罪乃是正义战争的必要条件。"天子作师，公帅之，以征不德……是以上能征下，下无奸慝"（《国语·鲁语下》）②。中国早期的战争，战争发动者首先都要申明对方的罪状，以此来证明自己战争目的的正义性。著名兵书《司马法》中记载了"九伐之法"：

> 凭弱犯寡者则眚之，贼贤害民则伐之，暴内陵外则坛之，野荒民散则削之，负固不服则侵之，贼杀其亲则正之，放弑其君则残之，犯令陵政则杜之，外内乱、禽兽行，则灭之。③

《周礼·夏官》中也有类似的记载：

---

① ［德］康德：《法的形而上学原理——权利的科学》，沈叔平译，商务印书馆 2001 年版，第 183 页。

② 上海师范学院古籍整理组校点：《国语》，上海古籍出版社 1978 年版。

③ 《司马法》，上海古籍出版社 1990 年版。

以九伐之法正邦国，冯弱犯寡则眚之，贼贤害民则伐之，暴内陵外则坛之，野荒民散则削之，负固不服则侵之，贼杀其亲则正之，放弑其君则残之，犯令陵政则杜之，外内乱鸟兽行则灭之。①

除了以上九种情况，诸侯国不向天子履行种种义务，也可作为天子或其他诸侯国发起征讨的理由，《司马法》佚文有：

> 不会朝，过聘，则刘。废贡职，擅称兵，相侵削，废天子之命，则黜。改历史、衣服、文章，易礼变刑，则放。娶同姓，以妾为妻，变太子，专罪，大夫擅立，关绝降交，则幽。慢神省哀，夺民之时，重税粟，畜货重罚，暴虐自佚，宫室过度，宫妇过数，则削地损爵。②

从《司马法》和《周礼》的记载，可以看出，在中国古代，发动战争的根据并非康德所说的"损害的发生"，而是战争对象有所谓失德、违礼的行为。

"礼"所具有的罚罪性，乃是中国古代"义战"思想产生的制度根源。中国古代的思想家普遍重视对战争进行"义"与"不义"的划分，肯定义战，否定和非议"不义之战"。所谓"义战"，就是救民于水火、吊民伐罪的战争，这样的战争乃是军事斗争的理想境

---

① 阮元：《十三经注疏·周礼注疏》，中华书局 1980 年版。
② 李昉等：《太平御览》卷六三六引，中华书局 1960 年版。

界。比如孟子从施行"仁政王道"的政治理想出发，一方面对当时争城掠地的战争痛加抨击："春秋无义战"（《孟子·尽心下》）；"今之所谓良臣，古之所谓民贼也。君不乡道，不志于仁，而求为之强战，是辅桀也"（《孟子·告子下》）；"争地以战，杀人盈野；争城以战，杀人盈城。此所谓率土地而食人肉，罪不容于死"（《孟子·离娄上》）。主张"善战者服上刑，连诸侯者次之，辟草莱、任土地者次之"（《孟子·离娄上》）。另一方面孟子却肯定和歌颂义战："书曰：'汤一征，自葛始。'天下信之。'东面而征，西夷怨；南面而征，北狄怨。曰，奚为后我？'民望之，若大旱之望云霓也。归市者不止，耕者不变。诛其君而吊其民，若时雨降，民大悦。书曰：'徯我后，后来其苏。'"（《孟子·梁惠王下》）当齐宣王问他，武王伐纣，是臣弑其君，这样的战争值得赞颂吗？孟子则说："贼仁者谓之贼，贼义者谓之残，残贼之人谓之一夫。闻诛一夫纣矣，未闻弑君也。"（《孟子·梁惠王下》）① 纣王不施仁政，已经失去了作为君主的资格，对他的讨伐当然是合礼合法的。

另一位儒学大师荀子也认为所谓正义的战争就是旨在"禁暴除害"的战争。陈嚣问荀子："先生议兵，常以仁义为本。仁者爱人，义者循理，然则又何以兵为？"荀子的回答是："仁者爱人，爱人，故恶人之害之也。义者循理，循理，故恶人之乱之也。彼兵者，所以禁暴除害也，非争夺也。"（《荀子·议兵》）② 历史上尧伐驩兜，舜

---

① 朱熹：《四书集注·孟子集注》，中华书局 1993 年版。

② 王先谦：《荀子集解》，中华书局 1988 年版。

伐有苗，禹伐共工，汤伐有夏，文王伐崇，武王伐纣，这些都是"禁暴除害"的"仁义之兵"，故而是正义的战争。

墨家学派提倡"兼爱""非攻"，主张通过兼相爱来消弭战乱，达到"非攻"的目的。在墨家看来，如果人们"视人之国若视其国，视人之家若视其家，视人之身若视其身。是故诸侯相爱则不野战，家主相爱则不相篡，人与人相爱则不相贼，君臣相爱则惠忠，父子相爱则慈孝，兄弟相爱则和调"。这样，"天下祸篡怨恨可使毋起"①（《墨子·兼爱中》）。然而墨家学派也并非反对一切战争。他们把战争区分为"诛"与"攻"两大类。"攻"是非正义的，而"诛"则是正义战争。《墨子》列举了历史上的正义战争：如大禹征讨有苗，武王翦伐商纣，这样的战争是铲除暴君，为民除残去暴，就属于"诛"而非"攻"，因而值得肯定和支持。

著名兵书《吴子》则把战争区分为义兵、强兵、刚兵、暴兵、逆兵等不同性质："禁暴救乱"的为"义兵"，"恃众以伐"的为"强兵"，"因怒兴师"的为"刚兵"，"弃礼贪利"的为"暴兵"，"国乱人疲、举事动众"的为"逆兵"②。《司马法》将战争划分为正义与非正义两大类型，指出正义战争的目的是"兴甲兵以讨不义"③。《尉缭子》也将战争区分为"挟义而战"和"争私结怨"两大类。他们积极提倡和支持"诛暴乱，禁不义"的战争，反对杀人越货以满足个人私欲的不义战争。

---

① 孙诒让：《墨子间诂》，中华书局 2001 年版。
② 《吴子》，上海古籍出版社 1990 年版。
③ 《司马法》，上海古籍出版社 1990 年版。

成书于战国晚期的《吕氏春秋》，综合各家学说，也把战争分为义与不义，"兵苟义，攻伐亦可，救守亦可；兵不义，攻伐不可，救守不可"（《吕氏春秋·禁塞篇》）[1]；认为只有兴"义兵"，"攻无道而伐不义"，才能实现天下的统一。

"义战"思想不仅从理论上为武力的使用提供了合法性依据，而且使中国古代的战争规则蒙上了浓厚的道德主义色彩，还使中国古代的战争法思想具备了不同于现代战争法理论的、价值优先的致思理路。

——三、中国古代的交战规则

交战正义所讨论的，实质上是有关战争中使用的各种手段和规则问题，例如：在战争中是不是还存在一些道德和法律的约束？战争是不是可以使用一切手段，超越一切限制？

对作战手段进行一定程度的限制，是现代战争法的重要原则和内容。比如，格劳秀斯认为，人类只有在维护自身权利的情况下，才可以发动战争；而战争一旦打响，双方就必须在法律许可的范围之内交战。他说："所有并非旨在获得一种有争议的权利或结束战

---

[1] 许维遹：《吕氏春秋集释》，中国书店 1985 年版。

争，而仅仅是意图展示一方强力的行为，完全有悖于基督教徒的职责和人道的原理。所以基督教君主们理应禁止一切不必要的流血，因为他们必须向国家委任他们完成的事项负责——也正是由国家的权力，并为了国家的利益，他们才得以拥有手中的剑。"① 罗尔斯在其提出的万民法的八条原则中指出：人们在战争行为中要遵守某些特定的限制。② 他认为在战争中应区别战争的决策者和普通人、区别士兵和平民。他尤其是考虑了在战争中的正义一方应当如何行事的问题：我方所进行的战争的正义性质是否就可以使我们在战争中为所欲为，等等。③

在中国古代，作为最根本的社会规范的"礼"，本身就具有节制人的情感的作用。"是故先王之制礼乐，人为之节。衰麻哭泣，所以节丧纪也。钟鼓干戚，所以和安乐也。昏（婚）姻冠筓，所以别男女也。射乡食飨，所以正交接也。礼节民心，乐和民声，政以行之，刑以防之。礼乐刑政，四达而不悖，则王道备矣。"④ 也就是说，人总是面对"外物"的种种诱惑，这使得人的欲望无所节制，其结果是悖逆之心必然破坏政治稳定，淫佚之事必然破坏道德秩序，因此礼的作用就是"因人之情而为之节文"，"为之品节"，使人好恶有节，有所规限。所以陈来先生说："礼就是一套节制情感、品节行为的规范体系。"⑤ "礼"所具有的节制作用必然要求在君臣

① ［荷］格劳秀斯：《战争与和平法》，何勤华等译，上海人民出版社 2005 年版，第 439 页。

② ［美］约翰·罗尔斯：《万民法》，张晓辉等译，吉林人民出版社 2001 年版，第 40 页。

③ 何怀宏：《杀人之中又有礼焉——战争行为的伦理》，《云南大学学报》2004 年第 2 期。

④ 陈澔：《礼记集说》，上海古籍出版社 1993 年版。

⑤ 陈来：《古代宗教与伦理》，生活·读书·新知三联书店 2009 年版，第 296 页。

之间、君民之间和国与国之间均应以对方的适当存在作为自己正常存在的前提，这一观念运用于战争领域，则是要求在作战中交战双方应节制纵杀之心，做到适可而止。因此，在中国古代的军礼中，也有许多限制作战手段的内容，我们称之为古代的交战规则。比如"逐奔不过百步，纵绥不过三舍"，"成列而鼓"，"不违时，不历民病"，"不加丧，不因凶"，"冬夏不兴师"，"穷寇勿追，归众勿迫"，等等。近代著名法学家陈顾远曾结合春秋时期的战争实践，系统地梳理了先秦时期的作战规则，并指出："孔子书《春秋》，举毫毛之善，贬纤芥之恶，并为录之，分以彼此，则在战争之中，固显然有其相当之法则也。周礼所谓'大师之礼用众也'；左传所谓'君子之讨，军礼也'；大师之礼及军礼，当亦包含战时国际法于内也。"[①] 近代另一位著名学者徐传保则把中国古代的作战规则，概括为这几个方面：旗鼓而战；怀仁杀敌；任逸奔者；勿事术诈；拒通叛徒；守哭退师；闻丧止攻；解围如期。[②] 在《左传》等文献中则不乏具体运用这些规则的战例。

（一）通牒请战

中国古代，交战要遵循一定的仪式。一般以发出最后通牒，宣布绝交开始。比如春秋时期的吕相绝秦就最为典型。据记载，秦晋两国是春秋时期争霸的大国，两国既是近邻又有联姻关系，交往十

---

① 陈顾远：《中国国际法溯源》，上海书店出版社 1991 年版，第 271 页。

② 徐传保编著：《先秦国际法之遗迹》，上海书店出版社 1991 年版，第 275 页。

分频繁。出于政治利益的考虑，他们有时友好，但更多的时候则是兵戎相见。鲁成公十一年，晋厉公与秦桓公原定在令狐会盟，秦桓公未遵守盟约，却挑唆楚国与白狄夹攻晋国，晋厉公于是派使臣吕相到秦国去发布最后通牒。吕相首先追溯了晋秦两国友好交往的历史：

> 昔逮我献公及穆公相好，戮力同心，申之以盟誓，重之以昏（婚）姻。天祸晋国，文公如齐，惠公如秦；无禄，献公即世；穆公不忘旧德，俾我惠公用能奉祀于晋，又不能成大勋，而为韩之师。亦悔于厥心，用集我文公，是穆之成也。文公躬擐甲胄，跋履山川，踰（逾）越险阻，征东之诸侯，虞夏商周之胤，而朝诸秦，则亦既报旧德矣。

然后又历数了秦国穆、康两位国君恶化两国关系的具体事件：

> 郑人怒君之疆埸，我文公帅诸侯及秦围郑。秦大夫不询于我寡君，擅及郑盟，诸侯疾之，将致命于秦；文公恐惧，绥静（靖）诸侯，秦师克还无害，则是我有大造于西也！无禄，文公即世，穆为不吊，蔑死我君，寡我襄公，迭我殽地，奸绝我好，伐我保城，殄灭我费滑，散离我兄弟，扰乱我同盟，倾覆我国家。我襄公未忘君之旧勋，而惧社稷之陨，是以有殽之师，犹愿赦罪于穆公；穆公弗听，而即楚谋我，天诱其衷，成王殒命，穆公是以不克逞志于我。穆、襄即世，

康、灵即位。康公我之自出，又欲阙剪我公室，倾覆我社稷，帅我蟊贼，以来荡摇我边疆，我是以又令狐之役。康犹不悛，入我河曲伐我涑川，俘我王官，剪我羁马，我是以有河曲之战。东道之不通，则是康公之绝我好也。及君之嗣也，我君景公引领西望曰："庶抚我乎？"君亦不惠称盟，利吾有狄难，入我河县，焚我箕、郜，芟夷我农功，虔刘我边陲，我是以有辅氏之聚。君亦悔祸之延，而愿徼福于先君献、穆，使伯车来命我景公曰："吾与女同好弃恶，复修旧德，以追念前勋。"言誓未就，景公即世，我寡君是以有令狐之会。君又不祥，背弃盟誓。白狄及君同州，君之仇雠，我之昏（婚）姻也；君来赐命曰："吾与女伐狄。"寡君不敢顾昏（婚）姻，畏君之威，而受命于吏。君有二心于狄，曰："晋将伐女。"狄应且憎，是用告我。楚人恶君之二三其德也，亦来告我曰："秦背令狐之盟，而来求盟于我。昭告昊天上帝秦三公楚三王，曰：'余虽与晋出入，余唯利是视。'不谷恶其无成德，是用宣之，以惩不壹"。诸侯备闻此言，斯是用痛心疾首，暱就寡人。寡人帅以听命，唯好是求。君若惠顾诸侯，矜哀寡人，而赐之盟，则寡人之愿也；其承宁诸侯以退，岂敢邀乱？君若不施大惠，寡人不佞，其不能以诸侯退矣！敢尽布之执事，俾执事实图利之！①

---

① 《左传·成公十三年》。

吕相把秦国描述成背盟弃约的罪魁祸首，而将晋国即将进行的军事行动包装为正义的自卫之举，以晋国得道多助、正义之师的形象，反衬秦国失道寡助、众叛亲离的局面，发出"君若不施大惠，寡人不佞，其不能以诸侯退矣"的最后通牒，软硬兼施，成就了一篇精彩绝伦的外交檄文。五月，晋国就联合诸侯军队，在麻隧打败了秦国军队。

除了发出最后通牒，在战争开始之际，交战双方正式请战，也是一种宣战方式。如《左传·成公二年》：鞌之战，当晋鲁卫曹之师，至于靡笄之下，齐侯使请战曰："子以君师，辱于敝邑，不腆敝赋，诘朝请见！"晋对曰："晋与鲁卫兄弟也，来告曰：'大国朝夕释憾于敝邑之地'，寡君不忍，使群臣请于大国，无令舆师淹于君地；能进不能退，君无所辱命！"齐侯曰："大夫之许，寡人之愿也，若其不许，亦将见也。"[①]经过双方互相请战，战争正式开始。

在正式交战中，则要旗鼓而战，以声讨对方之罪而表明自己光明正大之意。

如鲁隐公十一年秋七月，

> "公会齐侯、郑伯伐许。庚辰，傅于许。颍考叔取郑伯之旗'蝥弧'以先登……瑕叔盈又以'蝥弧'登，周麾而呼曰：

---

① 《左传·成公二年》。

'君登矣！'"①

晋楚邲之战，

> 楚许伯御乐伯，摄叔为右，以致晋师。许伯曰："吾闻致师者，御靡旌摩垒而还。"乐伯曰："吾闻致师者，左射以菆，代御执辔，御下两马，掉鞅而还。"摄叔曰："吾闻致师者，右入垒，折馘、执俘而还。"皆行其所闻而复。②

泓水之战的例子更为人们所熟知，

> 冬十一月己巳朔，宋公及楚人战于泓。宋人既成列，楚人未既济。司马曰："彼众我寡，及其未既济也，请击之。"公曰："不可。"既济而未成列，又以告。公曰："未可。"既陈而后击之，宋师败绩。公伤股。门官歼焉。国人皆咎公。公曰："君子不重伤，不禽二毛。古之为军也，不以阻隘也。寡人虽亡国之余，不鼓不成列。"③

宋襄公不听取司马的建议，恪守旗鼓而战、不鼓不成列的古礼，从而丧失了楚军半渡、过河后未成阵这两次有利战机，待敌列好阵

---

① 《左传·隐公十一年》。
② 《左传·宣公十二年》。
③ 《左传·僖公二十二年》。

势之后方与之交战，因寡不敌众很快战败，宋襄公自己也受了重伤。宋襄公之举在后人看来迂腐可笑，但在当时却是依军礼行事。

旗鼓而战的规则在后世也得到遵守。比如，后梁均王贞明四年（公元918）六月，晋王引亲军先涉黄河，"诸军随之……匡国节度使、北南行营排阵使谢彦章帅众监岸拒之，晋兵不得进，乃稍引却，梁兵从之。及中流，鼓噪复进，彦章不能支，稍退登岸"。①

（二）闻丧止伐

在中国古代，如果遇到受征伐的国家国君去世，也就是有国丧，出兵之国就要主动退兵。比如：《左传》记载"三月，陈成公卒。楚人将伐陈，闻丧乃止"②；"晋士匄侵齐，及谷，闻丧而还，礼也"③。三国时期，吴国孙策去世，曹操听到消息，想趁丧葬之机进攻吴国。奉命留在许昌的吴国大臣张纮向曹操进言劝谏，他认为乘人之丧举兵，不符合自古以来普遍遵守的道义，而且如果失败，两国也成了仇敌，不如厚待吴国。曹操采纳了张纮的建议，上表封孙权为讨虏将军，领会稽太守。④

相反，趁对方有国丧而发兵，被认为是"不德"的违礼之举，将会遭遇不祥。比如：《左传》中记载，鲁襄公十三年，吴乘楚有

① 《资治通鉴·卷二百七十》。
② 《左传·襄公四年》。
③ 《左传·襄公十九年》。
④ 《三国志·吴书·张纮传》。

共王之丧而伐楚，被楚击败。吴国的行为也受到了批评："君子以吴为不吊，诗曰：'不吊昊天，乱靡有定。'"① 在向之会上，吴欲以诸侯之师再次伐楚。但因其伐丧之举有违战争礼，所以作为主持盟会的晋"范宣子数吴之不德也，以退吴人"，② 拒绝了吴国的出兵请求。鲁昭公二十七年"吴子欲因楚丧而伐之，使公子掩余、公子烛庸帅师围潜"。楚师救潜，与吴师相遇于穷，后吴国发生内乱，吴公子光弑吴王，楚国并未借此伐吴，反而"楚师闻吴乱而还"。③

（三）穷寇勿追

在中国古代的军礼中，对于战败的敌人，要做到穷寇勿追，适可而止。《礼记·檀弓下》记载："工尹商阳与陈弃疾追吴师，及之。陈弃疾谓工尹商阳曰：'王事也，子手弓而可。'手弓。'子射诸！'射之，毙一人，韔弓。又及，谓之，又毙二人。每毙一人，掩其目。止其御曰：'朝不坐，燕不与，杀三人，亦足以反命矣。'孔子曰：'杀人之中，又有礼焉。'"④ 孔子评价商阳"杀人之中，又有礼焉"，就是指商阳在作战中能够节制纵杀之心，避免造成不必要的伤害，这是符合古礼的。

《左传》中记载，邲之战中，"晋人或以广队不能进，楚基之

---

① 《左传·襄公十三年》。
② 《左传·襄公十四年》。
③ 《左传·昭公二十七年》。
④ 《礼记·檀弓下》。

脱扃，少进，马还，又萦之拔斾投衡，乃出。顾曰：'吾不如大国
之数奔也'"。① 晋军的兵车坠陷于坑中不能进，楚人教晋人抽去
车前横木以出坑。然而拉战车的马匹却仍盘旋不前，楚人又教其拔
去车上插的大旗扔掉厄马头的横木，使车轻马便，晋人战车乃得逃
出。晋人逃脱之后，反而讥笑楚人，说自己不像楚国经常逃跑，所
以本事不如楚人。晋军车陷，楚军未加俘获，反而教其出陷之法，
任其逃脱，正体现了军礼"穷寇勿追"的原则。

类似的事例还有很多。比如：

鲁僖公二十五年，"冬，晋侯围原，命三日之粮。原不降，命
去之"。晋侯以退兵展示信义，也获得了军事上的利益，"退一舍而
原降"。②

"城濮之战，楚师败绩，子玉收其卒而止，故不败，晋师三日
馆谷，及癸酉而还。"③

晋楚鄢陵之战，楚师霄遁。"晋入楚师，三日谷。"④ 也没有继
续追击。

（四）礼遇国君

在战场上，对于敌国国君，也要对之礼遇有加，不可随意伤

---

① 《左传·宣公十二年》。
② 《左传·僖公二十五年》。
③ 《左传·僖公二十八年》。
④ 《左传·成公十六年》。

害和俘获。繻葛之战，郑国祝聃"射王中肩"，并欲乘势俘获周桓王。郑庄公坚决反对，他说："君子不欲多上人，况敢陵天子乎！苟自救也，社稷无陨，多矣。"①

晋齐鞌之战中，晋将韩厥追上齐顷公，

> 韩厥执絷马前，再拜稽首，奉觞加璧以进，曰："寡君使群臣为鲁、卫请，曰：'无令舆师陷入君地。'下臣不幸，属当戎行，无所逃隐。且惧奔辟，而忝两君。臣辱戎士，敢告不敏，摄官承乏。"②

晋楚鄢陵之战，晋将郤至"三遇楚子之卒，见楚子，必下，免胄而趋风"；对于逃跑的郑君，晋将韩厥说"不可以再辱国君"，郤至则说"伤国君有刑"。③

公元前494年吴越"夫椒之战"，越军惨败，仅剩五千余人退守会稽山。吴军乘胜追击，包围了会稽山，占领了会稽城。越王勾践无奈，采纳大夫范蠡、文种建议，派文种以美女、财宝贿赂吴太宰伯嚭，请其劝吴王夫差准许越国附属于吴，所谓"臣事吴、男女服"。夫差听从太宰伯嚭之言，接受越国的投降，把军队撤回了吴国，并赦免了勾践。勾践回国后，在范蠡的辅佐下，卧薪尝胆，励精图治，趁吴王携全国精锐部队到北部的黄池会合诸侯之机对吴国

---

① 《左传·桓公五年》。
② 《左传·成公二年》。
③ 《左传·成公十六年》。

发动进攻，打败了吴国。公元前 474 年，吴国终被越国所灭。后世多有批评夫差战略判断失误，放了勾践，以至于留下后患。但是夫差的做法，也可以看作春秋时期人们在作战中守礼之余绪，是中国古代礼遇国君的交战规则之具体实践。

更有甚者，在交战时如敌方国君去世，攻伐的国家不仅会停战，还会至敌军阵前行哭丧哀悼之礼："公会吴子、邾子、郯子伐齐南鄙，师于鄎。齐人弑悼公，吴子三日哭于军门之外。"后世服虔对此解释为"诸侯相临之礼"。①

相反，如果在交战中违背了这一原则，就会失去道义上的正当性。比如，城濮之战中，楚军由大将子玉率领，晋军则由晋文公亲自率领。晋文公面对来犯的楚军，主动让晋军后退三舍（九十里），这是因为当初晋文公在即位之前，曾流亡楚国，受到楚成王的礼遇，楚成王问他："公子若反晋国，则何以报不谷？"重耳先是回答："子女玉帛，则君有之。羽毛齿革，则君地生焉。其波及晋国者，君之余也。其何以报？"但是楚成王不依不饶，继续追问："虽然，何以报我？"重耳回答："若以君之灵得反晋国，晋、楚治兵，遇于中原，其辟君三舍。"舍，古代行军以三十里为一舍，三舍也就是九十里。所以，此时晋文公以国君的身份，对楚将子玉"退避三舍"，既是践行当年对楚成王的承诺，同时以君避臣，先礼后兵，也获得了攻击楚军的正当理由。其实在战前，楚成王也认识到晋国的强大，并叮嘱子玉："无从晋师。晋侯在外十九年矣，而

---

① 《左传·哀公十年》。

果得晋国。险阻艰难，备尝之矣；民之情伪，尽知之矣。天假之年，而除其害，天之所置，其可废乎？军志曰：'允当则归。'又曰：'知难而退。'又曰：'有德不可敌。'此三志者，晋之谓矣。"意思是晋文公是有德之君，受到上天的护佑，所以与晋军交战不要穷追不舍。无奈在战争中，子玉把成王的叮嘱抛到了脑后，本来，晋文公为国君，子玉为臣子，子玉理应事君臣礼，但是他却咄咄逼人，步步紧逼，而且在晋军退避三舍后也没有退兵而是继续追击，最终因失礼用兵而遭致惨败。

（五）礼待来使

在交战中，保护使节也是一项习惯法上的义务。《左传》中记载这样的事例很多。比如：

鲁僖公四年，齐国伐楚。楚国派屈完出使齐国。齐桓公与屈完共车观兵。齐桓公得意洋洋地说："以此众战，谁能御之？以此攻城，何城不克？"屈完则回答："君若以德绥诸侯，谁敢不服？君若以力，楚国方城以为城，汉水以为池，无所用之。"面对楚使不卑不亢的回答，齐桓公也只能以礼待之。最终，屈完与诸侯在召陵会盟。[1]

鲁僖公二十六年，齐孝公伐鲁。鲁国国君派展喜出使齐军。齐侯问，鲁国是不是害怕了？展喜说："小人恐矣，君子则否。"齐

---

[1] 《左传·僖公四年》。

侯又问："室如悬磬，野无青草，何恃而不恐？"展喜回答："恃先王之命。昔周公、大公，股肱周室，夹辅成王。成王劳之，而赐之盟，曰：'世世子孙无相害也。'载在盟府，大师职之。桓公是以纠合诸侯，而谋其不协，弥缝其阙，而匡救其灾，昭旧职也。及君即位，诸侯之望曰：'其率桓之功。'我敝邑用不敢保聚，曰：'岂其嗣世九年，而弃命废职？其若先君何？君必不然。'恃此以不恐。"① 展喜侃侃而谈，大讲先王之命和各国诸侯以及鲁国国君对孝公继承齐桓公霸业的信念，说得孝公无言以对，最后不得不退了兵。

晋楚鄢陵之战，晋将郤至见到楚共王，都恭敬地行君臣之礼；而楚共王则派工尹襄为使者，向郤至致以问候。郤至对使者，也做到了彬彬有礼："郤至见客，免胄乘命，曰：'君之外臣至从寡君之戎事，以君之灵，间蒙甲胄，不敢拜命。敢告不宁，为事之故，敢肃使者。'三肃使者而退。"②

三国时期，吴国大将吕蒙趁蜀国大将关羽围攻樊城之机，从后路占据了江陵，"蒙入据城，尽得羽及将士家属，皆抚慰，约令军中不得干历人家，有所求取"。关羽几次派使节前来与吕蒙交涉，"蒙辄厚遇其使，周游城中，家家致问，或手书示信"。吕蒙总是厚待这些使节，让他们到城中周游巡视，会见关羽及其将士的家属，并且允许使节为城中的家属带信件给城外的亲人。吕蒙的这种做

---

① 《左传·僖公二十六年》。
② 《左传·成公十六年》。

法，使"羽吏士无斗心"，关羽不得已败走麦城。

相反，如果随意杀害来使，就会受到谴责，甚至遭致讨伐。

《左传·成公九年》记载，晋国伐郑，郑国派伯蠲前去谈判，晋人杀死了伯蠲，被认为"非礼也"，因为"兵交，使在其间可也"。[①]

在历史上，也有国家利用这条规则，找到发动战争的借口。《左传·宣公十四年》记载，楚庄王派申舟出使齐国，并要求他"无假道于宋"，意思是不要告知宋国而径过其地，申舟认为这样的话"我则必死"，楚庄王则说"杀女，我伐之"。申舟到了宋国，宋大夫华元说："过我而不假道，鄙我也。鄙我，亡也。杀其使者，必伐我。伐我，亦亡也。亡一也。"于是杀了申舟。楚庄王为此"投袂而起"，出动大军包围宋国国都整整九个月。宋国到了"易子而食，析骸以爨"的山穷水尽境地，不得不以华元为质，与楚国结城下之盟。

综上，中国古代的交战规则，是礼所具有的节制作用在战争领域的反映，体现了中国古代思想家节制战争暴力、限制战争手段的思想倾向。如果把中国古代思想家的这一思想倾向与西方法学家限制战争手段的思想相比较，就会发现，中国古代先贤节制战争暴力思想的价值基点在于人性内部，是围绕人的自我约束而展开的，体现了对战争参与者的内在的道德要求，这与西方法学家着眼从外部制约战争行为有不同的旨趣。

---

① 《左传·成公九年》。

第五章

中国古代的军事占领规则

在战争法视域下，军事占领既是一种事实状态，又是一种法律状态。军事占领规则是指对交战国军队进入敌国境内后的各种占领行为进行的限制性法律规定，它是战争法体系的重要组成部分。它的核心价值在于通过法律规则的作用，使在战略上占据优势的一方在战争目的上有所克制，从而达成利益、实力、权利和规制相互作用下的和平。早在中国的先秦时期，人们在长期的战争实践中，就形成了具有习惯法性质的军事占领规则。这些规则的基本精神可以用孔子所说的"兴灭国，继绝世，举逸民"来概括（《论语·尧曰》）。具体来说，就是保存战败国的政权，禁止劫掠战败国的人民。从发展历程来看，这些规则在春秋中期以前得到较好的遵守；迨至春秋晚期，随着战争形态的变化，"毁人之国"（《孙子·谋攻》）的主张受到认可，拔人之城、夺人之地、劫掠敌国财富及劳动力成为普遍的战争行为，兴灭继绝的传统遭到破坏。本章所要探讨的是中国古代的军事占领规则发生发展的内在逻辑和依据是什么，在中国古代，尤其春秋战国之际，战争实践发生了什么变化才会导致国家行为模式的改变？

按照德国社会学家马克斯·韦伯的分类，人类理性包括价值理性和工具理性。人类的社会行为要同时受到这两种理性的制约。所谓价值理性，就是指"通过有意识地对一个特定的举止的——伦理的、美学的、宗教的或作任何其他阐释的——无条件的固有价值的纯粹信仰，不管是否取得成就"，所谓工具理性，就是指"目的合乎理性的，即通过对外界事物的情况和其他人的举止的期待，并利用这种期待作为'条件'或者作为

'手段',以期实现自己合乎理性所争取和考虑的作为成果的目的"①。也就是说,价值理性是人们用来判断事物或行为是好是坏、应该或不应该的价值体系;工具理性则是实现目标的手段体系,它要求行为者所选手段成本最小、达成的收益最大。有学者以此为分析工具,来解释战争法规范的变迁。②这一分析方法同样可以用于我们探讨中国古代军事占领规则的演变。因为军事占领规则的形成,在本质上乃是人类规制战争暴力的一种社会行为,这一行为在发展过程中也受到了价值理性与工具理性的共同作用与影响。

一、中国古代军事占领规则的内容

中国古代的军事占领规则,以习惯法的形态而存在,《司马法》《荀子》《左传》等文献,是记载这些规则的主要载体。具体来说,这些规则主要涉及两个方面的内容:

---

① [德]马克斯·韦伯:《经济与社会》上卷,林荣远译,商务印书馆1997年版,第56页。
② 徐进:《暴力的限度——战争法的国际政治分析》,清华大学博士论文2008年,第26—27页。该文认为战争法规范变迁的根本动因来源于人类理性的变化,价值理性决定了关于暴力行为规范的方向变化,而价值理性与工具理性共同决定了具体规范变迁的速度和程度。在战争法规范的变迁过程中,体现价值理性的是"人道主义"原则,体现工具理性的是"军事必要原则"。这一分析方法对本书有很大启示作用。

（一）关于战败国的政权

在战争取得军事上的胜利以后，对战败国如何处置，是否要保留其原有的政权组织，这是战争胜利者首先需要考虑的问题。考之中国古代的文献，在战争实践中，当时对战败国的处置主要有三种方式：

1. 战败国被允许保留其宗庙社稷，虽战败而未失其国

《司马法》中指出了处理战争善后问题的基本纲领与步骤："王及诸侯修正其国，举贤立明，正复厥职。"[①]（《司马法·仁本第一》）按照这一原则，在战后能够保留战败国的宗庙社稷，这是值得称颂的：

> 远举贤人，慈爱百姓，外存亡国，继绝世，起诸孤，薄税敛，轻刑罚，此为国之大礼也。（《管子·中匡》）[②]

《左传》中则记载了很多具体的事例。如隐公十年，"壬戌，公败宋师于菅。庚午，郑师入郜。辛未，归于我。庚辰，郑师入防。辛巳，归于我。君子谓郑庄公：'于是乎可谓正矣，以王命讨不庭，不贪其土，以劳王爵，正之礼也。'"。宣公十一年，楚庄王曾借平定陈国内乱之机，灭陈为县。大夫申叔时对他的行为提出了批

---

① 《司马法》，上海古籍出版社 1990 年版。

② 黎翔凤：《管子校注》，中华书局 2004 年版。

评，认为"诸侯之从也，曰讨有罪也。今县陈，贪其富也。以讨召诸侯，而以贪归之"，会在诸侯中造成不良的政治影响，楚庄王立即醒悟到"县陈"对争霸不利，就让陈复了国。[①] 再如公元前597年，楚国围攻郑国，郑不敌，郑伯肉袒牵羊迎接楚军，卑辞请降，请求楚君能够惠顾郑、楚两国的世代盟誓之好，保存其社稷："若惠顾前好，徼福于厉、宣、桓、武，不泯其社稷，使改事君，夷于九县，君之惠也，孤之愿也，非所敢望也。敢布腹心，君实图之。"楚庄王认为，"其君能下人，必能信用其民"，于是"退三十里而许之平"，郑国因而也得以保全（《左传·宣公十二年》）[②]；公元前638年，鲁国伐邾，"取须句，反其君焉，礼也"（《左传·僖公二十二年》）。昭公十六年，"楚子闻蛮氏之乱也，与蛮子之无质也，使然丹诱戎蛮子嘉杀之，遂取蛮氏；既而复立其子焉，礼也"（《左传·昭公十六年》）[③]。《左传》中类似的事例很多，反映了这一做法的普遍性。

2. 战败国的人民被迁于他地，虽为臣还未失其国

著名史学家吕思勉先生曾说："古之所谓亡国者与后世异。后世所谓亡国，指丧失主权言之；古则专指有国之君能否奉其祭祀，故苟有片土焉以界之，则虽丧尽主权，自古言之，犹可谓之不亡也。"[④]《尚书·盘庚》曰："兹予大享于先王，尔祖其从与享之。"

---

① 杨伯峻：《春秋左传注》，中华书局1990年版。
② 同上。
③ 同上。
④ 转引自郑开：《德礼之间——前诸子时期的思想史》，生活·读书·新知三联书店2009年版，第106页。

注引《大传》云："古者诸侯始受封，则有采地。……其后子孙虽有罪黜，其采地不黜，使其子孙贤者守之，世世以祠其始受封之人，此之谓兴灭国、继绝世。"[1] 由此可知，中国古代兴灭继绝的核心在于"奉其祭祀"，而不是"苟有片土"；其中的关键在于"族"的存亡。在战争实践中，即便国家因战败而丧失了土地，只要其遗民被迁于他地，种族得以延续，国家也被认为得以不亡。如公元前660 年，狄人攻灭卫国（《左传·闵公二年》），公元前659 年，当狄人攻邢时，齐发兵救邢，并迁邢于夷仪（《左传·僖公元年》）。公元前658 年，齐桓公又率诸侯为卫国修筑楚丘城（今河南滑县东），并恢复卫国（《左传·僖公二年》）；公元前693 年，齐师迁纪郱、鄑、郚（《春秋·庄公元年》）；公元前684 年，宋人迁宿（《春秋·庄公十年》）[2] 等。

也有一种情况是战败国的国君和政府官员被驱逐，由战胜国另立新君。如《国语》中记载，晋国打败狄人所建的鼓国，"中行伯既克鼓，以鼓子苑支来。令鼓人各复其所，非僚勿从"（《国语·晋语九》）[3]，即将鼓国国君带往晋国，而要求鼓国百姓接受晋国委派的官员统治。《左传》中也记载了类似的事例：晋军攻破了偪阳，"晋侯有间，以偪阳子归，献于武宫，谓之夷俘。偪阳妘姓也。使周内史选其族嗣，纳诸霍人，礼也"（《左传·襄公十年》）。[4]

---

① 孙星衍：《尚书今古文注疏》，中华书局 1986 年版。

② 杨伯峻：《春秋左传注》，中华书局 1990 年版。

③ 《国语》，上海古籍出版社 1978 年版。

④ 杨伯峻：《春秋左传注》，中华书局 1990 年版。

3. 灭国

这种情况下，战败国的政权不能保存。事实上，在先秦时期的战争史上，虽然保存战败国国家的做法受到推崇，灭国的行为也从未停止，犹以春秋战国为剧。如在西周时期的分封制度下，诸侯国的疆域和规模本来相差无几，所以有"天子之地一圻，列国一同"（《左传·襄公二十五年》）①的说法。一圻即方千里；一同即方百里。而到了春秋时期霸主之国往往拥地数圻，这即是争霸战争中对中小国进行兼并的结果。如齐国始封时国土并不大，仅限于国都临淄周围方圆百里的一块小地盘内，正如《孟子·告子下》说："太公之封于齐也，亦为方百里也。"②后来经过不断吞并周围的小国，疆域逐渐扩大。到了桓公时期，齐"地南至于岱阴，西至于济，北至于海，东至于纪随，地方三百六十里"（《管子·小匡》）③，已经成为东方一个泱泱大国了。晋国地处山西汾水流域，与戎狄杂居，早在晋献公时就开始对周边弱小国家进行武力兼并。"献公并国十七，服国三十八"，晋逐渐成为北方大国。终春秋之世，楚灭南方小国约45个，晋国灭小国20多个，秦国在西方灭西戎12国。正如郑国子产说："若无侵小，何以至焉？"（《左传·襄公二十五年》）④晋国叔侯也说："若非侵小，将何所取？"（《左传·襄公二十九年》）⑤

不过，在春秋中期以前，灭国还是要受到限制的。这主要表现

---

① 杨伯峻：《春秋左传注》，中华书局 1990 年版。
② 朱熹：《四书集注·孟子集注》，中华书局 1983 年版。
③ 黎翔凤：《管子校注》，中华书局 2004 年版。
④ 杨伯峻：《春秋左传注》，中华书局 1990 年版。
⑤ 同上。

在两个方面：

首先，禁灭同姓国家。一般说来，同姓国不论大小，都不能灭，否则被视为"非礼"。故《礼记·曲礼下》云："诸侯失地名，灭同姓名。"①《左传》记载："二十五年春，卫人伐邢，二礼从国子巡城，掖以赴外，杀之。正月丙午，卫侯毁灭邢，同姓也，故名。礼至为铭曰：'余掖杀国子，莫余敢止。'"（《左传·僖公二十五年》）②同年《公羊传》云："卫侯毁何以名？绝。曷为绝之？灭同姓也。"（《公羊传·僖公二十五年》）③《左传·僖公二十八年》记，晋文公入曹，执曹伯，城濮战后，久不复曹，曹人即说之曰："齐桓公为会而封异姓，今君为会而灭同姓……且合诸侯而灭兄弟，非礼也"，晋国也不得不让曹复了国。当然，实践中这条禁令也经常遭到破坏，所以说《春秋》所载242年间，弑君三十六，亡国五十二，诸侯奔走不可保其社稷者不可胜数。

其次，禁灭华夏国家。据瞿同祖先生考证，春秋时期所灭的国，大多是所谓蛮夷戎狄之国。陈、蔡、许这几个华夏诸侯，虽也曾被灭，但最后都复了国。④

战国以后情形则大为不同，随着诸侯国之间血缘关系的瓦解，灭国不再受到限制，"战必覆人之军，攻必凌人之城，尽城而有之，尽宾（实）而致"（《商君书·赏刑》）⑤，"诸侯的兼并热度已达到了

---

① 陈澔：《礼记集说》，上海古籍出版社 1987 年版。

② 杨伯峻：《春秋左传注》，中华书局 1990 年版。

③ 何休：《春秋公羊传注疏》，上海中华书局影印聚珍仿宋版。

④ 瞿同祖：《中国封建社会》，上海人民出版社 2005 年版，第 196 页。

⑤ 蒋礼鸿：《商君书锥指》，中华书局 1986 年版。

顶点，不管是同姓异姓，不管是王室所封，或是僭位为君，只要力所能及，便加以吞灭，虽对王室也无所顾忌，毫不客气地一一攫为己有。复封其君的故事，不再发生了"。①

（二）关于战败国之民的人身和财产权利

战败国之民的人身与财产权利，与国家政权的命运是息息相关的。如前文所述，春秋中期以前，对中原华夏国家来说，即使战败，政权社稷也大多能够保存，在这种情况下，平民的人身和财产也是受到保护的。《司马法》中说："入罪人之地，无暴神祇，无行田猎，无毁土功，无燔墙屋，无伐林木，无取六畜、禾黍、器械。见其老幼，奉归勿伤。虽遇壮者，不校勿敌。敌若伤之，医药归之。"《荀子》中说："不杀老弱，不猎禾稼，服者不禽，格者不舍，犇命者不获。……不屠城，不潜军，不留众，师不越时。故乱者乐其政，不安其上，欲其至也。""凡诛，非诛百姓也，诛其乱百姓者也。"（《荀子·议兵》）②《吕氏春秋》中说："至于国邑之郊，不虐五谷，不掘坟墓，不伐树木，不烧积聚，不焚室屋，不取六畜，得民房奉而题归之。"（《吕氏春秋·怀宠篇》）③其基本精神都是主张善待敌方之民，禁止对战败国进行劫掠。

然而，春秋晚期至战国，灭国成为普遍的现象，保护敌国平民

---

① 瞿同祖：《中国封建社会》，上海人民出版社 2005 年版，第 197 页。

② 章诗同：《荀子简注》，上海人民出版社 1974 年版。

③ 许维遹：《吕氏春秋集释》，中国书店 1985 年版。

的战争规则也被破坏殆尽，对战败国的劫掠受到公然肯定。比如著名军事家孙子就宣扬"因粮于敌"，主张"掠于饶野""掠乡分众"。春秋晚期吴楚之战，楚国战败，史载吴国军队入郢之后，"坏宗庙，徙陈器，挞平王之墓……何以谓之吴也？狄之也！何谓狄之也？君居其君之寝而妻其君之妻，大夫居其大夫之寝而妻其大夫之妻，盖有欲妻楚王之母者；不正乘败人之绩而深为利，居人之国，故反其狄道也"（《谷梁传·定公四年》）。《左传·哀公七年》记载："师遂入邾，处其公宫，众师昼掠，邾众保于绎，师宵掠，以邾子益来。"《墨子·非攻下》记载，战国时期的战争胜利者："入其国家边境，芟刈其禾稼，斩其树木，堕其城郭，以湮其沟池，攘夺其牺牲，燔溃其祖庙，劲杀其万民，覆其老弱，迁其重器。"①《孟子》中所说的"争城以战，杀人盈城，争地以战，杀人盈野"，也是对这一时期战争的形象描述。

从以上论述中不难看出，中国古代的军事占领规则，其基本精神在于维持华夏国家的种族延续，反映了中国早期人道思想的萌芽。近代学者徐传保曾把《司马法》所记的相关战争规则与《海牙陆战条约》中平民保护的条款进行比较，他认为：《海牙陆战条约》中有"个人生命""个人财产""个人宗教权""公家财产""其他公益建筑"诸项保护之规定，而《司马法》中也有相似的规定：所以"司马法之足与近世国际法典相并重（或竟较优），盖可更明矣"。②

---

① 孙诒让：《墨子间诂》，中华书局 2001 年版。

② 徐传保：《先秦国际法之遗迹》，上海书店出版社 1991 年版，第 570 页。

当代学者俞正山也指出：先秦兵学中的许多作战规则，与今天的国际上通行的国际人道法的规定几乎完全相同。[①] 然而透过这些在文本意义上极其相似的条款，我们发现，先秦时期的占领规则与现代战争法有着迥然相异的价值依据。按照马克思·韦伯的观点，一种制度的合法性可以通过价值合乎理性，也可以通过利害关系，即目的合乎理性来得到保证。[②] 因此，对中国古代占领规则背后的意义世界的探讨，也可以从这两方面入手来展开。价值理性反映的是占领规则赖以产生的社会思想根源，而工具理性反映这些规则发展演变的利益动因。

二、中国古代军事占领规则的价值基础

黑格尔曾说："无论是法的东西和道德的东西，都不能自为地实存，而必须以伦理的东西为其承担者和基础。"[③] 德国法理学家伯恩·魏德士也指出，价值评判在法中起着重要作用，法律秩序中充满了价值判断。任何具体的法律秩序都是以立法者肯定的、通过规

---

① 俞正山：《仁为兵本，兵依仁用——略论先秦兵学的人道观念及人道规则》，《西安政治学院学报》2008 年第 1 期。

② ［德］马克斯·韦伯：《经济与社会》上卷，林荣远译，商务印书馆 1997 年版，第 640 页。

③ ［德］黑格尔：《法哲学原理》，范扬等译，商务印书馆 1961 年版，第 162 页。

范证实和巩固的价值秩序为基础。①

那么中国古代军事占领规则赖以产生的价值基础是什么？笔者认为，军事占领规则的实质是要对占领者的统治权进行限制，因此，对这一规则的价值根源的探讨，也应从占领者的统治权入手来展开。对这一问题的讨论，涉及两个相互关联的问题，即当时的人们如何认识占领者的统治权？在此基础上，又如何认识占领者与被占领者的关系？前者是占领者如何认识自身的问题，后者则是如何看待他者的问题。

（一）如何认识占领者的统治权

在西方的政治哲学传统中，"基于一种个人自治的观念，将政治和社会关系视作自治行为主体的利己构建"，②因而在根源于西方历史经验的战争法理论体系中，西方法学家从人的自然权利出发论述了占领者的统治权，"如果个人可以互相将对方降至附属的地位，那么毫不奇怪，国家也就能够同样如此行事，并且通过这种手段获得一种国家的、绝对的或者混合的统治权"。③如同个人拥有使用暴力使自己免受侵害的权利，国家也拥有使用暴力维护安全的权利，从根本上说，国家权力是个人的权力意志的放大，为了争夺权力，国家之间关系的基本特点是冲突与战争，这是一种不可逃避的

---

① ［德］魏德士：《法理学》，丁晓春、吴越译，法律出版社 2005 年版，第 52—53 页。

② ［美］理查德·塔克：《战争与和平的权利》，罗炯等译，译林出版社 2009 年版，第 1—2 页。

③ ［荷］格劳秀斯：《战争与和平法》，何勤华等译，上海人民出版社 2005 年版，第 348 页。

自然法则，因此，传统国际法肯定战争是国家用以解决国际争端、推行政策的合法工具，占领作为国家使用武力的直接后果，占领者对于征服者的统治权也具有天然的合法性，它是人的自然权利的合乎逻辑的延伸。格劳秀斯认为，"君主通过征服获得了被征服的君主和国家的所有权利，若是共和国，则获得了一切属于人民的权利和特权。他也获得了国家以往所拥有的让渡权利，以及传给他所选定的子孙的权利，由此这便成为世袭领土了"。① "在正义战争中，对于一个民族的统治权利，以及此民族所拥有的主权，也可以像其他权利那样获得。"②

然而，西方法学家在肯定个人权利的天然合法性的同时，也认识到个人权利的行使应以不妨碍他人的权利行使为限。因此，个人之间除了竞争还存在着合作关系，合作的前提则是个体对于自我权利的限制。国家之间的关系与此类似，在竞争之外也存在合作。从竞争的逻辑出发，虽然彻底消灭对手从而从根本上消除竞争对于自我生存最有利，但现实中要做到这一点并非易事。因而，在对手既无法被消灭同时其存在又不致危及自我生存的情况下，允许对手存在并以一些规则相互制约无疑是理智的选择。③ 正是从这一理念出

---

① ［荷］格劳秀斯：《战争与和平法》，何勤华等译，上海人民出版社 2005 年版，第 348 页。

② 同上书，第 448 页。

③ 当代国际关系理论中的建构主义学派认为国际社会也存在法制与合作。温特举出国际社会的三种文化：以战争、杀戮为特点的"霍布斯文化"，以规则、竞争为特点的"洛克文化"和以合作、友谊为特点的"康德文化"。中国学者尚会鹏指出，这三种文化的存在并不能否定国际关系体系本质上的无政府和无道德的特点。在存在激烈竞争的情况下他者都可能被预设为敌人，这三种"文化"只是国家依据对方与自己的利害相关度来判断敌友的三种竞争状态而已，差别只是程度上的。参见尚会鹏：《"个人"、"个国"与现代国际秩序——心理文化的视角》，《世界经济与政治》2007 年第 10 期。

发，西方法学家认为在战争中对胜利者的权利进行限制是必要的。格劳秀斯认为，"在战争中的容忍不仅是对正义的献礼，也是对人道的献礼，对节制的献礼，对灵魂之伟大的献礼"。[①] "如果将生命作为最高奖赏赐予人类，并且对此拥有最高处置权的上帝都为自己规定了类似的规则，那么对于只负有增进福利、维护生命这惟一使命的人类而言，就当然有义务按照同样的规则行事。因此年迈者和妇女都公平地被赦免，除非后者放弃其性别特权而作为男子拿起武器参战。"[②] 可见，西方法学家对于占领者统治权的认识根源于对个人自然权利的认识，对于占领者统治权进行节制的思想，也产生于对国家之间权利义务关系的思考。借用康德的话来说，这"并不是一个仁爱问题，而是一个权利问题"。[③]

而对于中国古代先贤来说，对于占领者的行为进行规制则更多的是一个道德问题，而非权利问题。占领者的统治权并非个人自然权利的延伸，而是家长权的延伸。这是因为在中国古代的政治传统中，没有脱离社会关系而独立存在的个人，因而也就没有个人权利成长的空间。在中国古人眼里，个人只有处于一定的秩序和社会关系之中，才是有意义的。有学者指出，从人际交往的角度来看，人类有两种基本属性，即"个体性"和"相互性"。前者指我们是一个能独自判断、独自决定和独自行为的、既不能被合并也不能被拆开的实体这一事实，后者指我们每时每刻都处在与他者的联系和互

---

① ［荷］格劳秀斯：《战争与和平法》，何勤华等译，上海人民出版社 2005 年版，第 435 页。

② 同上书，第 436 页。

③ ［德］康德：《永久和平论》，何兆武译，上海人民出版社 2005 年版，第 24 页。

动之中这一特性。人实际上是处在既相互独立又与他者联系这两种
状态的动态平衡之中，不过由于生存环境不同，文化对这两种属性
的强调也不相同。由此形成了不同的基本人际状态。[①] 西方文化强
调人的"个体性"，而中国传统文化则强调人的"相互性"。在"相
互性"这种基本人际状态下，人的存在首先是一种角色而非独立的
个人，"'我'要通过在礼仪中与'他人'的关系才能显示出来，这
种关系就是以父子、君臣为主的等级关系"。[②] 这从《论语·公冶
长》的记载可以得到说明：

　　子贡问曰："赐也何如？"子曰："女，器也。"曰："何器
也？"曰："瑚琏也。"

　　瑚琏是祭祀用的礼器，"孔子在这里是以祭器瑚琏作比喻，认
为如同器物只有在礼仪中才成为礼器一样，人也只有通过礼仪，在
由礼仪联系成的社会关系中才成为真正的人"。[③]
　　个人不能脱离一定社会关系而独立存在，这一点对于理解中国
古代的国家权利至关重要。中国古代，家庭是社会关系的起点，是
最基本、最重要的政治和道德实体，正如著名汉学家史华兹所说：
"在家庭内部，亲属成员无论是在此岸世界还是在彼岸世界，都在

---

① 尚会鹏：《"个人"、"个国"与现代国际秩序——心理文化的视角》，《世界经济与政治》
2007 年第 10 期。
② 刘丰：《先秦礼学思想与社会的整合》，中国人民大学出版社 2003 年版，第 145 页。
③ 同上书，第 139 页。

一个角色关系网络中而被凝聚到一起。理想上讲，该网络是由宁静的、和谐的鬼神、仪式礼节支配的。在这里，秩序的价值最为重要……作为一种社会政治秩序的模型，它所反映的是一种以清楚界定的角色和地位，并且从理想上讲是通过神的体系而凝聚在一起的网络。"①国家的治理及社会人伦关系的调整，都要从"家"开始，先有家然后才有国，国是家的放大和延伸，二者之间并没有严格的界限。因而在中国传统的政治哲学中，首先要确定"人"在家庭、亲属集团中的位置、角色及其相应的伦理，再由此出发逐步推衍出国家或国际体制。国家权利也并非个人自然权利的延伸，而是家长权的延伸。正如有学者所指出的，"传统中国的国家君主与臣民的关系不像欧洲那样是征服者与被征服者或主人与奴隶的关系，而更像家庭中父亲与子女的关系：君主对臣民有'如保赤子'的义务，臣民则忠顺君主"②。西周时期宗法结合封建的制度建构，则是这种体制的具体实践。周初统治者以部族殖民的方式分封同姓和异姓功臣，授土授民，让他们建立国家。在这一过程中，因天然的血缘而产生的亲疏远近关系化为政治等级，原始亲情的远近成为衡量等级贵贱的标准，并由此形成了家国一体、等差有序的政治架构："天子建国，诸侯立家，卿置侧室，大夫有贰宗，士有隶子弟"，政治结构与亲缘结构相互重叠："同姓大国曰伯父，其异姓

---

① ［美］本杰明·史华兹：《古代中国的思想世界》，程钢译，江苏人民出版社 2004 年版，第30—31 页。

② 尚会鹏：《"伦人"与"服国"——从"基本人际状态"的视角解读中国的国家形式》，《国际政治研究》2008 年第 4 期。

则曰伯舅。同姓小邦则曰叔父，其异姓小伯则曰叔舅"；维系天子
与诸侯、诸侯与诸侯之间联系的，是彼此的血缘关系及建基于此的
亲和情感。正如史华兹所指出的："对于那些把家庭与祖先崇拜的
变形（transfiguring）仪式联系在一起的人来说，理想化的家庭为
如下的价值观提供了终极的源泉：它为任何文明社会中都会存在的
权威和等级制的关系注入了人情味。"① 在这种情况下，"国际关系"
本身就是一种宗法血缘关系，"国际秩序"则是国内秩序的放大、
延展和投射，根源于家族伦理的等级和差序结构则是中国古代"国
际秩序"的基本特征，而"理想的差序结构的根本表现是父与子的
差别，所以才不仅有差序之别，也有差序之爱"。②

在中国的先秦时期，天子与诸侯之间、大国与小国之间根源于
宗法血缘关系的"差序之爱"，成为军事占领规则赖以产生的价值
依据。史华兹曾说："当我们转向伦理社会层次上时，凡是在家庭
伦理真正付诸实行的地方，宗族纽带就被认为是为社会秩序的和谐
提供了最强有力的社会基础。"③ 前述《司马法》中记载了占领者对
战败国的处置方式，"入罪人之地，无暴神祇，无行田猎，无毁土
功，无燔墙屋，无伐林木，无取六畜、禾黍、器械。见其老幼，奉
归勿伤。虽遇壮者，不校勿敌。敌若伤之，医药归之"，这一规则
中最重要的是对"无暴神祇"的强调，体现了周人"兴灭继绝"的

---

① ［美］本杰明·史华兹：《古代中国的思想世界》，程钢译，江苏人民出版社2004年版，第
70页。

② 秦亚青：《国际关系理论中国学派的可能与必然》，《国际展望》2006年第2期。

③ ［美］本杰明·史华兹：《古代中国的思想世界》，程钢译，江苏人民出版社2004年版，第
114页。

传统。也就是说，保留战败国的社稷，其本质乃是尊重战败国在家族中的合法地位，维护宗法等级秩序的稳定，它所体现的，正是"国际秩序"中的"差序之爱"。在中国古人看来，正如家长有权教训不听话的孩子一样，天子或得到天子授命的诸侯也有权用武力征伐那些破坏天下秩序的诸侯："天子作师，公帅之，以征不德。元侯作师，卿帅之，以承天子。诸侯有卿无军，帅教卫以赞元侯。自伯、子、男有大夫无卿，帅赋以从诸侯。是以上能征下，下无奸慝。"（《国语·鲁语下》）[①] 而在对其进行了必要的惩戒之后，则要及时地帮助其恢复正常的社会秩序，这就像家长对于犯了错误的孩子，应始终保持宽容之心一样，战胜者对于那些已经战败投降的国家，也应保持应有的仁慈，因为它们所行使的权利，本质上还是一种家长式的权利。

（二）如何认识占领者与被占领者的关系

占领者对于被占领者采取什么措施，也取决于对双方的地位和关系如何界定。如前文所述，现代战争法强调尊重被占领者的主权，认为占领本身不引起被占领土主权的变化，只是在战争或武装冲突状态下的一种行政权力的暂时转移，并在此基础上，规定了一系列对被占领地区进行人道保护的规则。这些规则的产生是基于这样一个前提：占领者与被占领者乃是独立、平等、资格相同的政

---

① 《国语》，上海古籍出版社 1978 年版。

治实体，这种平等性并不因战争的胜负而改变。康德指出，"被征服的国家和其臣民，都不因国家被征服而丧失他们政治的自由"。① 占领者对于被占领者采取的一系列人道主义保护措施，其本质乃是在承认交战双方的平等资格条件下，在作出对方的存在不仅不会危及自我生存而且可能对自我生存有利的判断之后，与对手进行合作的一种竞争中的妥协。这种妥协要求制定详尽的规则，明确双方的权利和义务，以保持利益及实力的均衡，这也是占领规则产生的社会心理基础。正如沃尔泽所说："现代的战争规则是建立在抽象的而不是实际的伙伴关系的基础上。"②

在中国古代，占领者与被占领者并非独立、平等、资格相同的政治实体，而是有着身份和等级的差异的。著名学者谢维扬先生指出，在中国早期国家的发展过程中，自夏朝开始，一种以控制众多地方势力为特征的国家模式就逐渐成为古代中国政治生活中的现实因素。在这个模式下，受控制的地方小国或部落很难成为真正独立的国家，尽管它们各自内部的发展已经同国家制度相衔接。"在整个先秦时期，中原王朝从未承认过在其统治范围之外还可能有与之对等的政治实体。"③ 因此，在中国古代不存在分裂的、完全处于无政府状态的国际体系，而只有一个超越于国家的"天下"。有学者指出：中国语境中的"天下""万邦"与西方语境中的"国际"

---

① ［德］康德：《法的形而上学原理——权利的科学》，沈叔平译，商务印书馆 1991 年版，第 185 页。
② ［美］迈克尔·沃尔泽：《正义与非正义战争》，任辉献译，江苏人民出版社 2008 年版，第 41 页。
③ 谢维扬：《中国早期国家》，浙江人民出版社 1995 年版，第 499 页。

（internation）概念有很大的差异："国际"是指独立的行为体之间，注重的是主权个体，根本条件是具有法理平等地位的个体之间的自我和他者之间的二元性竞争，而"天下"则缺乏主权意识，不是二元的对立，主体只有距离上的远近和关系上的亲疏。[①] 不同政治实体的权利义务主要由其在宗法秩序的等级地位来决定，同时这些不同的政治实体也从尊卑、亲疏秩序中获得一种确定感和安全感。

在这样的政治结构中，战争被认为是对内部违反秩序者的惩罚，而不是独立、平等的政治实体间的斗争手段。正如《国语·鲁语》中所说："大刑用甲兵，其次用斧钺，中刑用刀锯，其次用钻笮，薄刑用鞭扑，以威民也。"[②]"刑罚"之施于天下者，即"诛伐"也，"诛伐"之施于家、国者，即"刑罚"也[③]。占领作为战争的直接后果，当然也不是发生在平等主体之间，《司马法》记载的占领规则"既诛有罪，王及诸侯修正其国，举贤立明，正复厥职"，其中表达的并非对被占领者权利的尊重，而是同一天下之下的权力上位者对于下位者的道德优越感和在此之上形成的所谓仁爱之心。

同时，由于战争被看作对内的惩罚，交战双方同属一个天下，二者也并非绝对的敌我关系，化敌为友不但是必要的，而且是可能的。中国古代文献中所记载的对占领区平民进行保护的规则，其基本精神就在于通过善待敌方之民，达到以德服人、化敌为友

---

① 尚会鹏：《"伦人"与"天下"——解读以朝贡体系为核心的古代东亚国际秩序》，《国际政治研究》2009 年第 2 期。

② 上海师范学院古籍整理组校点：《国语》，上海古籍出版社 1978 年版。

③ 钱锺书：《管锥编》（第一册），中华书局 1986 年版，第 285 页。

的目的。如《司马法》中说："灭厉之道，一曰义：被之以信，临之以强，成基一天下之形，人莫不说，是谓兼用其人。"（《司马法·定爵》）①其意为：消灭敌人的方法，一是依靠道义，即用诚信感化敌人，用武力慑服敌人，造成一统天下的形势，使人们纷纷爱慕追随自己，这叫作争取敌国之人为己所用。《孙子》中讲得就更为明白："故车战，得车十乘已（以）上，赏其先得者，而更其旌旗，车杂而乘之，卒善而养之，是谓胜敌而益强"（《孙子·作战篇》）②，即要把俘虏编入己方的军队，为我所用，善待俘虏的目的是让他真心归附，成为己方的战斗力量，只有这样，才能通过战胜敌人而增强自己的实力。这与现代战争法的精神迥然有别。现代战争法理论所强调的，乃是权利的合法行使，并没有对敌人进行教育感化的意味。在西方法学家看来，"对被征服民族和个人的统治也是靠战争赢得的。被征服者必须发誓忠诚于胜利者，胜利者也应当放弃对被征服者的敌意和憎恨。只有这样，征服者的统治才可以合法化，才可以约束臣民的良心"。③也就是说在被占领者的存在已不能危及占领者的权利的条件下，占领者也应以人道的方式对待被占领者。相反，如果通过教育感化的手段而让敌人背弃自己的种族和信仰，为我所用，并担负作战的义务，那么这反而背离了人道主义的宗旨。

---

① 《司马法》，上海古籍出版社 1990 年版。
② 曹操等注，袁啸波标校：《孙子》，上海古籍出版社 1995 年版。
③ ［德］普芬道夫：《人和公民的自然法义务》，鞠成伟译，商务印书馆 2009 年版，第 184 页。

三、中国古代军事占领规则的利益动因 ——

著名战略学家利德尔·哈特认为，"战争的目的，尽管只从自己一个方面的观点来看，也是想要在战后获得一个比较好的和平状态"。[①] 所谓好的和平，就是在战后能够对被占领地区进行有效控制，并能取得良好的战争效益，从而拥有较为巩固且有利的和平态势。因此，利德尔·哈特告诫军事胜利者，"你在达到了军事目的以后，对战败国提出的要求愈多，则事后的麻烦也就愈多，对方将会力图使用武力来改变你所奠定的局势"[②]。从工具理性的角度来考察，在战争中取得优势的一方，其所必须面对的问题就是如何降低战后的治理成本，以及如何提高战争效益。军事占领规则的制定和实施，也要围绕解决这两个问题而展开。因此，占领规则并不仅仅反映人类价值理性的发展方向，它也体现了人类在从战争走向和平的路径选择中的功利计算。

（一）如何降低治理成本

在中国的先秦时期，王朝的疆域在不断扩大，但当时的经济发展水平及交通、通信手段的发展还难以跟上疆域扩张的步伐，政权的行政组织能力也很薄弱，中央对地方势力只能保持有限的控制。

---

① ［英］利德尔·哈特：《战略论》，军事科学院译，战士出版社 1981 年版，第 461 页。

② 同上书，第 488 页。

因此，对于那些通过战争征服的地区，采取怀柔羁縻的处置方式无疑是治理成本最低的选择。如周初武王克商之时，"未及下车而封黄帝之后于蓟，封帝尧之后于陈，下车而封夏后氏之后于杞，投殷之后于宋"（《礼记·乐记》）[①]。周人对殷人残余势力没有采取屠杀政策，反而通过保留殷商的宗庙社稷，最大限度地化解了被征服地区武力反抗的欲望和可能，以最小的成本迅速建立起有效的政治统治。不仅保证了周代国祚的长久，而且开创了"柔远能迩""怀柔远人"的政治传统。因此，有学者指出，"存亡继绝"旨在从政治上收拢民心，从宗教上继续标榜基于"德"的观念的天命论；其结果是催生了西周的政治理性，酝酿了以"德"（而不是以"力"）为导向的政治理念及其模式。这种政治理性及其模式使得西周得以持续扩展政治版图，不断促进民族融合。[②] 这一统治经验也长期影响着以后的战争实践，直到诸侯征战不已的春秋时期，在取得战争胜利以后，"兴灭继绝"依然是普遍的做法。

另外，在春秋中期以前，由于受到经济发展水平及政治组织能力的限制，诸侯们从兼并中获得的收益也是有限的，这也在客观上抑制了诸侯兼并的欲望。事实上，西周时期确立的宗法结合封建的制度包含着三个层级的封建结构（周王—诸侯国君、诸侯国君—卿大夫、卿大夫—家臣），即"天子建国，诸侯立家，卿置侧室，大夫有贰宗，士有隶子弟，庶人、工、商，各有分亲，皆有等衰"

---

① 陈澔：《礼记集说》，上海古籍出版社 1987 年版。

② 郑开：《德礼之间——前诸子时期的思想史》，生活·读书·新知三联书店 2009 年版，第 109 页。

（《左传·桓公二年》）。① 公元前 7 世纪，二级甚至三级封建化现象逐渐达到了高峰。这是因为随着周天子王权的衰微，诸侯势力的增长，大国诸侯开始通过军事征伐来扩大自己的版图，并因此产生了怎样对这些新占领土进行管理的问题。除设置郡县外，将新占领土作为领地赐给亲信或家族成员也不失为一种应对之策。如，"（晋侯）使大子居曲沃，重耳居蒲城，夷吾居屈"（《左传·庄公二十八年》）；"（晋君）灭耿、灭霍、灭魏。还，为大子城曲沃，赐赵夙耿，赐毕万魏，以为大夫"（《左传·闵公元年》）；"（鲁会晋宋郑曹伐卫），取卫西鄙懿氏六十以与孙氏"（《左传·襄公二十六年》）；"楚子城陈、蔡、不羹，使弃疾为蔡公"（《左传·昭公十一年》）；"郑伯赏入陈之功……享子展，赐之先路三命之服，先八邑；赐子产次路再命之服，先六邑"（《左传·襄公二十六年》）②。长此以往，世卿贵族或军功新贵成了兼并战争中的真正受益者，并随着时间的推移和势力的增长，逐步形成尾大不掉之势，威胁着诸侯国君的地位。正如韩非所说："诸侯之博大，天子之害也；群臣之太富，君主之败也。"（《韩非子·爱臣》）③ 因此，对于大国诸侯来说，接受战败国的归服，保留它的政权组织，通过对其内政外交的干预实现对它的控制，比之于直接将战败国兼并，在某种意义上更为有利。因此许多国家在二级封建化问题日益突出之后便不再热衷于开疆辟土。比如，根据当代学者的统计，公元前 7 世纪晋国共灭掉 17 个

---

① 杨伯峻：《春秋左传注》，中华书局 1990 年版。

② 同上。

③ 王先慎：《韩非子集解》，中华书局 1998 年版。

国家（公元前593年以前晋国的封建危机尚未恶化），然而，从公元前592年到公元前453年之间长达一百多年的时间里，晋国仅仅灭掉了3个国家，而且还将其攻占的偪阳送给了宋国。[①] 所以，终春秋一世，与诸侯兼并相伴而生的，是兴灭继绝的传统依然受到推崇和遵守。

（二）如何提高战争效益

所谓战争效益，就是在战争中以最小的代价，取得最大的成果。战争效益最终要体现在战后和平环境的质量上，即战胜国不仅要努力创造较为巩固且有利的和平态势，而且要能够从战后和平中继续保持甚至扩大战争中的成果。从战争效益的角度考量，保存战败国政权组织、善待敌国之民是因为其有被保护的价值，占领者会从这种行为中获取更多的收益。

在上古三代时期，土地与人口构成社会财富的基本内容，地广人众，国家就强。早在周初封邦建国之时，周天子就"胙土赐民"，即将土地疆域和依附于其上的人口列为构成邦国的两大条件。两者之中，又以民更为重要，有民之多少，往往是区别贵族等级的重要依据，即晋卜偃称述古礼时所说："天子曰兆民，诸侯曰万民。"（《左传·闵公元年》）春秋时期剧烈的动荡与战争，使民的意义更加突出。这是因为随着生产力水平的提高，人作为劳动工具的创造

---

① 赵鼎新：《东周战争与儒法国家的诞生》，夏江旗译，华东师范大学出版社2006年版，第81页。

者以及连接劳动工具与生产资料的中介者，其劳动价值远大于资源消耗，人成了富国强兵最重要的资源。"人实有国，我何爱焉？入而能民，土于何有？"杜预注云："能得民，不患无土。"(《左传·僖公九年》)① 得民比起单纯占有对方土地更为重要。

随着人的劳动价值被发现和重视，战争的效益就不仅仅体现为拓展生存空间的大小和掠夺物质财富的多少，对人的占有尤其是人心的归顺成为实现战争效益的决定因素。所以春秋中期以前的战争，大都遵循"服而舍人"的原则，战争中以据有其民为主，并不一定占有其地，即"君子笃于礼而薄于利，要其人而不要其土"(《公羊传·宣公十二年》)②。而"安定其社稷，镇抚其民人"(《左传·襄公二十八年》)，更成为大国对小国的应有责任。如晋伐郑，郑求和而盟。郑国坚持在盟辞中写入"唯有礼与强可以庇民者是从"的字样，以"庇民"为辞，晋也不得不接受(《左传·襄公九年》)。在战争善后上采取宽容的措施，尊重和维护战败国民众的生存权利，在仁爱的理念和追求之外，更不乏对战争效益的考量。

中国古代的军事占领规则在战国时期遭到了破坏。这是因为，这一时期国家之间血缘关系逐渐瓦解，占领规则的内在价值基础受到了动摇，《韩非子》就赤裸裸地主张："敌者，所伐之国也，后虽无复，何伤哉！"(《韩非子·难一》)③ 同时，由于各诸侯国所进行的以富国强兵为目的的改革，郡县制代替了分封制，列国实力大增，

---

① 杨伯峻：《春秋左传注》，中华书局 1990 年版。

② 何休：《春秋公羊传注疏》，中华书局影印聚珍仿宋版。

③ 王先慎：《韩非子集解》，中华书局 1998 年版。

军事动员能力大为增强，诸侯国的领土扩张有了物质上的保证。当代学者根据一些文献记载作出统计，秦将白起在公元前293年斩杀韩魏联军24万人，在公元前279年溺毙楚军士兵和平民数万人，在公元前273年斩杀赵魏联军15万人，在公元前260年活埋赵军40万人。秦国在公元前356年到前236年间总计屠杀了超过150万人的他国士兵。[①]如此巨大规模的人员伤亡彻底摧毁了其他国家的战争能力，因为这些国家不可能在短期内生产出同样数量的兵员人口。显然，在战国时期，攻城略地比"服而舍人"更能取得直接的效益，因而以维护占领区民众生存为宗旨的占领规则也丧失了存在的现实基础。尽管如此，这些规则中显示出的人性光辉与早期人道思想的萌芽，依然长久地影响着中国古代战争规则的发展方向。在秦汉以后的历朝法典中，不乏善待降敌、禁止劫掠占领区民众的规定，这些规定正可看作上古时期军事占领规则的余绪。它体现了中国古代军事文化深厚的人文精神传统，对今天战争法理论的丰富与发展，依然不无启示意义。

---

① ［美］许田波：《战争与国家形成：春秋战国与近代早期欧洲之比较》，徐进译，上海人民出版社2009年版，第77页。

第六章

中国古代战俘的
权利保护

俄国政治学家托洛斯基说过:"你也许对战争并不感兴趣,战争对你却深感兴趣。"战争于普通个人而言,超越了单个意志的支配,因而也就超越了个人兴趣的范围。按照现代战争法的划分,任何主动或被动地卷入战争的个人都在其中充当着或战斗者或平民或被俘者的角色。这些角色的划分说明,面向战争的个人已被动地成为战争所乐于关注的对象。

战俘问题是现代战争法中的一个重要问题。战俘是战争中个人角色划分的一个重要组成部分。但在人类社会的最初形态中是没有"战俘"这一称谓的。战俘即战争中的俘虏,战俘是战争的必然产物。克劳塞维茨认为,"战争是迫使敌人服从我们意志的一种暴力行为"。[①] 他把战争的这种定义称作"绝对战争"。根据克劳塞维茨的绝对战争理论,战争的外延可以扩大至初民社会人与人之间靠着肉搏的征战,继而也使得战俘在初民社会就具有了它的原始形态。在原始社会,社会关系虽简单但冲突依然不可避免,氏族成员间的冲突最极端的解决方式是氏族复仇,而复仇的主要形式是武力冲突,有了武力冲突,在武力冲突中捕获敌方人员的情况就会随之产生。奴隶制国家的建立标志着人类社会的武力冲突进入了形式的组织化、目标的政治化及手段的军事化阶段。克劳塞维茨把这种在性质上已不能等同于绝对战争的战争称为"现实战争"。现实战争较之绝对战争除同样具有暴力性的原始要素外,具备了另两个要素:一是统帅和军队概然性和偶然性

---

① [德]克劳塞维茨:《战争论》,商务印书馆 1978 年版,第 23 页。

的活动，一是政治工具的从属性。① 现实战争是伴随着国家的产生、政治活动的出现从原始社会的武力冲突中演化而来的，战俘因而也从原始社会武力冲突的副产品嬗变为政治国家间征战中的制度问题。

政治国家间的战争是战俘问题产生的条件，但战俘问题作为战争法的研究对象则应当是伴随着人类对于战俘权利保护的思考而开始的。② 在人类的早期战争中，战争中的个人与自己的国家几乎是永久性地捆绑在一起的，个人在战争中不被视为具有任何独立性的主体，国家的失败，即意味着个人生命、自由、荣誉、家庭和财产的丧失，战俘不可能具有任何权利。根据记载，按照罗马要将恐惧印入战败者的心中的政策，战胜者应当将出现在面前的所有活物剁成碎块。在当时的观念中，战争俘虏不具有与战胜者平等的人格，他们只是战胜者所获得的活着的物品。进一步讲，只要是俘获者所获得的私人财产，是作为奴隶拍卖还是借以索取赎金所得都应当视为俘获者个人所有。战败者对战胜者无任何权利可言，他们既得不到其本国的保护，也得不到俘获国的保护。这种观念直至 17 世纪才有所改变。格劳秀斯在 1625 年出版的《战争与和平法》中，在自然法的名义之下，婉转地为战俘的保护寻求"万国法"中的立论根据："所有这些由万国法引入的对于战利品的权利，都意在促使

---

① 参见吴琼：《〈战争论〉诠释》，华文出版社 2001 年版，第 124 页。

② 法律规范是与权利的保护联系在一起的，战争法中关于战俘的规定则与战俘的权利保护不可分割。因此，在将战俘杀掉的殷商和战国后期，都不存在战争法中的战俘问题。本章的重点则放在了春秋时期。

捕获者不要将战俘残酷地处死，而饶恕拯救他们倒可以期待从中获利。"① 万国法对捕获者的引导是功利性的，但实际的结果将是战俘的生命得以保全。而卢梭则在他的《社会契约论》中开诚布公地为捍卫战俘的权利，"战争的目的既是摧毁敌国，人们就有权杀死对方的保卫者，只要他们手里有武器；可是一旦他们放下武器投降，不再是敌人或者敌人的工具时，他们就又成为单纯的个人，而别人对他们也就不再有生杀之权。……战争决不能产生不是战争的目的所必需的任何权利"。②

西方战争法对战俘权利的确认是以战争习惯对战俘人格的认可为前提的，即战俘必须获得独立于本国家、与俘获者相平等的人格。没有这一原则的确立，战俘问题就不可能在战争法规范中登堂入室。先秦时期，战俘权利的发展演进尽管没有严格地依照西方社会从权利的观念到法律的实践这样的路径，但在客观上也断续地呈现出与西方战争规范关于战俘待遇相类似的情况。

一、"俘"的考辨 ——

中国古代并不使用"战俘"这样的全称，而以"俘"示意。

---

① ［荷］格劳秀斯：《战争与和平法》，何勤华等译，上海人民出版社 2005 年版，第 420 页。

② ［法］卢梭：《社会契约论》，何兆武译，商务印书馆 1980 年版，第 19 页。

"'俘'《说文》云：'军所获也'。《尔雅》书云：'囚敌曰俘，伐执之曰取；即今之所谓俘虏也。'①"俘"字在甲骨文中像是用手抓俘虏的样子，主要作为动词来使用，表示俘获，如："克俘二人"。但有时也作为名词使用，即被俘获的对象，如："我用罗俘。"②

中国古代，"俘"既指战争中俘获敌人的行为，也指所获的人和物，兼具动名两义。"于战争中而获敌，是曰俘；其所获之人物，亦曰俘。"③名词意义上的"俘"，与现代意义上"战俘"的含义类似，但较之今天的"战俘"外延更大，既包含战争中所俘获的人，也包括战争中所获的物。"俘"的辨别标准为是否具有敌性，有敌性的方可称为"俘"。

早期战争中，个人的主体身份消解在殷商统治者的天命观中，民本思想冲不出以军事占卜、祭祀为方式的战争樊笼，敌性与战争中对峙各方国家是一致的。殷商至西周早期，在征伐敌人取得胜利后，被俘获的敌人或被杀戮或用以祭祀。《逸周书·世俘解第四十》就记载了武王伐商及其方国的经过与俘获："武王遂征四方，凡敦国九十有九国，馘夷亿有十万七千七百七十有九，俘人三亿万有二百三十，凡服国六百五十有二。"④但随着周初新的统治秩序的确立，强大的"明德""敬德"思潮影响了战争思想，表现在对待战

---

① 陈顾远：《中国国际法溯源》，上海书店出版社 1991 年版，第 311 页。
② 张国艳：《甲骨文"禽"的名词用法》，《殷都学刊》2001 年第 1 期。
③ 陈顾远：《中国国际法溯源》，上海书店出版社 1991 年版，第 311 页。
④ 黄怀信：《逸周书汇校集注》，上海古籍出版社 2007 年版。

俘上就是保全其生命，出现了赋予战俘最基本的生命权的做法。在这一观念的影响下，春秋时期，在对敌性进行了反思的基础上，交战国的人与战争本身出现了相对的分离，并对敌性之有无作了已接近现代战争法的划分："（交战之兵）此最有敌性者也……（诱敌之众）虽非正规军队，而助敌以为攻者，亦尝含有敌性……（从军之人）从军而非如今只所谓战斗员者，春秋之世，似亦不重其为有敌性者……（敌国之民）此最无敌性者也。"①

对作为动词的"俘"，根据其所指对象的身份，使用了许多与"俘"义同但字异的称谓，如"获""取""归""执"等等。这是战俘身份权在称谓上的体现。"获"主要针对俘虏君臣将帅而言，如："（僖元年）冬十月壬午，公子友帅师败莒师于郦，获莒拏"；②"（僖十五年）十一月壬戌，晋侯及秦伯战于韩，获晋侯"；③"（宣）二年春王二月壬子，宋华元帅师及郑公子归生帅师，战于大棘，宋师败绩，获宋华元"；④"（襄公八年）郑人侵蔡，获蔡公子燮"；⑤"（昭公二十三年）吴败顿、胡、沈、蔡、陈、许之师于难父，胡子髡、沈子逞灭，获陈夏啮"；⑥"哀十一年，齐国书帅师及吴战于艾陵，齐师败绩，获齐国书"。⑦上述六例中涉及的

① 陈顾远：《中国国际法溯源》，上海书店出版社 1991 年版。
② 杨伯峻：《春秋左传注》，中华书局 1990 年版。
③ 同上。
④ 同上。
⑤ 同上。
⑥ 同上。
⑦ 同上。

所获人员都是非君即帅的显贵之人，如莒挐乃莒国君之弟、宋华元是宋国君的嫡子。对君主的俘获所使用的称谓更为丰富，除了上述"获晋侯"中使用的"获"，有时还使用"执"或者"归"。其实，根据陈顾远先生的考证，对于君主的俘获，在多数情况下均使用"归"，而不言"获"。如，"（隐公七年）冬，王使凡伯来聘。还，戎伐之于楚丘以归"；① 再如，"（庄公十年）秋九月，荆败蔡师于莘，以蔡侯献舞归"②。"获"与"归"在使用上的差异应该是遵循着一定的规则，但由于时代背景的变迁以及当时在某些用语的斟酌上尚具有相当的随意性，要总结出定律来实非易事，但我们仍可根据一些传世文献的考据窥其一斑，《左传》之意，虽认大夫生死皆曰获，而君战，生被获，通称以"归"；获晋侯云者，以晋侯远施无亲，愎谏远卜。故使从众臣之目，以获为言，盖有贬耳。可见，言"获"还是"归"是有一定的身份价值判断在其中的。

作为名词使用的"俘"之敌性标准经历了一个由单一到多元、由混沌到清晰的变化过程，而作为动词使用的"俘"则因所俘之人的身份差别仅在称谓上就呈现出较为复杂的情形。这些历史的偶然实际上昭示着战俘权利逐步被确认的必然性。③

---

① 杨伯峻：《春秋左传注》，中华书局 1990 年版。

② 同上。

③ 本章以先秦时期战争中所俘获的人为考察对象，并在这个意义上以"战俘"指称这一时期的"俘"。

二、战俘权利的表现及其局限 ——

对战俘权利的保护是到西周时期才真正出现的。《司马法·仁本第一》中记载，"入罪人之地……见其老幼，奉归勿伤；虽遇壮者，不校勿敌，敌若伤之，医药归之"。[①]这说明西周以来确已出现了赋予战俘最基本的权利的战争规范。春秋时期，这些战争规范在很大程度上得到了继承和遵守，《左传》中记载了很多保全战俘生命，甚至释放和礼遇敌方战俘的事例。这些事例正是中国古代尊重战俘权利的表现，现归纳如下：

（一）战俘权利的表现

1. **战败国国君的权利**。在上古三代时期，家族关系在整个社会结构中占据了主导地位，许多家族中的行为方式也就用在了列国关系上。即使是来自不同的国家，社会地位低的人也应遵从社会地位高的人，这源于家族的尊卑礼节。在礼崩乐坏的春秋时期，家族取向的心理仍然在社会生活中具有重大影响。[②]表现在战争中，就是认为敌国之君也应以国君之礼相待。《左传·成公二年》中记载的晋国韩厥俘获齐国君主前礼貌的寒暄便是佐证，

---

① 《司马法》，上海古籍出版社 1990 年版。

② 参见许倬云：《中国古代社会史论》，广西师范大学出版社 2006 年版，第 70—74 页。

韩厥执絷马前，再拜稽首，奉觞加璧以进，曰："寡君使群臣为鲁、卫请，曰：'无令舆师陷入君地。'下臣不幸，属当戎行，无所逃隐。且惧奔辟，而忝两君。臣辱戎士，敢告不敏，摄官承乏。"①

而在晋、楚鄢陵之战中，晋国将领的表现就更为典型："郤至三遇楚子之卒，见楚子，必下，免胄而趋风。"(《左传·成公十六年》)②郤至对于在交战中的敌国国君，还不忘行君臣之礼；"晋韩厥从郑伯，其御杜溷罗曰：'速从之？其御屡顾，不在马，可及也。'韩厥曰：'不可以再辱国君。'乃止。郤至从郑伯，其右茀翰胡曰：'谍辂之，余从之乘，而俘以下。'郤至曰：'伤国君有刑。'亦止。"③(《左传·成公十六年》)对于败逃的郑君，韩厥也做到了适可而止。

《左传》中还有很多关于礼遇敌国之君的记载，如宣公十二年楚庄王宽恕郑襄公④、僖公六年楚国打败许国宽恕许国国君⑤、昭公四年楚灭赖而宽恕赖国国君⑥等等。可见，保全敌国国君的性命，并给予他们应有的尊重，乃是春秋战国时期战争中较为普遍的做法。

---

① 杨伯峻：《春秋左传注》，中华书局 1990 年版。

② 同上。

③ 同上。

④ 同上。

⑤ 同上。

⑥ 同上。

2. **战败国贵族所享有的权利**。贵族战俘的权利虽不及国君优厚，但在保全生命的基础上也有更为充实的内容。他们或被用于交换或出于俘获国对国家利益的考量而被释放，有时甚至是无条件的释放。

交换可以是以人换人，也可以是以物换人。前者如晋、楚在邲之战中，晋国用楚公子谷臣和连尹襄老的尸体来换取被楚国俘获的大夫知罃（《左传·宣公十二年》）。再如，楚、莒交战，莒国抓获了楚公子平，楚国想用自己抓获的莒俘交换楚公子（《左传·成公九年》）。[1] 后者如宋国用兵车百乘、文马百驷赎回了被郑国俘获的将领华元（《左传·宣公二年》）。[2] 郑国用赎金向秦赎回被楚国抓获并献于秦的郑大夫印堇父（《左传·襄公二十六年》）。[3]

释放有时是以两国结成新的联盟以抵御他国为条件的，如楚大夫斗克被秦俘获，秦使其归国以结秦楚之盟[4]（《左传·文公十四年》）；楚郧公钟仪被晋俘获后，晋景公以礼待之，使其回国求好[5]（《左传·成公九年》）。对于同姓或者有姻亲关系国家的贵族战俘，释放有时是不附加任何条件的。据《左传·襄公十二年》记载，晋悼公率领鲁、卫、曹、宋等十二国军队声讨郑国侵宋的行为，郑国派子展出盟晋侯，向晋国臣服，晋国于是"赦郑囚，皆礼而

---

① 杨伯峻：《春秋左传注》，中华书局 1990 年版。

② 同上。

③ 同上。

④ 同上。

⑤ 同上。

归之"。①

3. 战败国平民② **所享有的权利**。战败国的平民的权利比起国君与贵族则更为脆弱。《左传》中记载了三种对战败国的处置方式，第一种，战败国可以保留自己的国家和宗庙系统，但在名义上要臣服于战胜国；第二种，战败国的平民可能迁往其他国家做奴隶；第三种，战败国的平民也有可能迁移到新的没有开垦的地区定居。③ 只有在第一种和第三种情形之下，战败国的平民才能获得权利。而这两种处置方式，一般是对于华夏之国适用。如公元前534年和公元前531年陈、蔡两国分别被楚国所灭，但在公元前529年，两国又分别复了国（分别见于《左传·昭公八年、昭公十一年、昭公十三年》）。④ 这种情形下，战败国原有的社会秩序不会被破坏，平民的权利也可以得到保障。再比如，《左传·昭公四年》记载，楚灭赖国（今湖北随县东北部）。赖国投降，楚国国君不但赦免了赖国国君，而且接受了椒举的建议"迁赖于鄢"（今湖北宜城县南）⑤；襄公十年，晋国荀偃、士匄率师攻克偪阳国后，

---

① 杨伯峻：《春秋左传注》，中华书局 1990 年版。

② 先秦时期的"民"的概念是一个较为复杂的问题，有国人、野人、庶民、庶人等多种称谓。晁福林先生认为，西周春秋时期所谓的"国人"皆宗族之人（见晁福林：《先秦社会形态研究》，北京师范大学出版社 2003 年版，第 512 页）；童书业先生说，"国人"是国都中的士农工商之人（见童书业：《春秋左传研究》，上海人民出版社 1980 年版，第 132—146 页）；至于庶民与庶人，按照晁福林先生的解释，二者意义和范围均相同，依"民"与"人"二字的区别而将庶民与庶人区分开来，是困难的。但它们和"国人"的区别主要在于其范围更大，一般泛指平民（见晁福林：《先秦社会形态研究》，北京师范大学出版社 2003 年版，第 518 页）。本章的平民即取此意。

③ 许倬云：《中国古代社会史论》，广西师范大学出版社 2006 年版，第 71—74 页。

④ 杨伯峻：《春秋左传注》，中华书局 1990 年版。

⑤ 同上。

吞并了偪阳的土地但保存其国家并把偪阳从原来的居住地（今山东峄城南五十里）迁移到远离其旧址的晋邑——霍人（今山西繁峙县东郊），[①] 这种情况下，战败国的平民虽离开了故土，但生存权利仍得以保障。

（二）战俘权利的局限性

中国古代战俘权利的形成和确立是战争史上的一大进步，与中国早期的许多制度一样张扬着那个时代的优秀品质。但同时也应看到，战俘权利的确立和实践主要发生于春秋时期，它只是中国古代漫长的战争历史发展过程中的一个阶段、一个方面，所以中国古代的战俘权利只能在当时的历史背景中获得其自身的规定性，因此它也有着许多无法超越的局限。

1. **战俘处置方式的随意性**。前文所述春秋时期战俘权利的各种表现是春秋时期战俘处置方式一些规律性的体现。但给予战俘权利在那一时期并非已然是一种规范的制度现象，它夹杂着颠覆与背叛，具有一定程度的随意性。尽管大量史实表明春秋时期，战俘享有包括生存、受到尊重礼遇在内的一些权利，但将战俘杀戮或者用作人牲的情况也时有发生，如昭公五年，"吴子使其弟蹶由犒师，楚人执之，将以衅鼓"。[②]（《左传·昭公五年》）即便是国君也存在被杀的情况，如昭公十一年，"楚子在申，召蔡灵侯……楚子伏甲

---

① 杨伯峻：《春秋左传注》，中华书局 1990 年版。

② 同上。

而缢蔡侯于申，醉而执之。夏，四月，丁巳，杀之，刑其士七十人"。[1] 哀公八年，"春，宋公伐曹，将还。褚师子肥殿，曹人诟之，不行。师待之，公闻之怒，命反之，遂灭曹。执曹伯及司城强以归，杀之"。[2] 据统计，春秋时期共有四十三名君主被臣下或敌国杀害。

2. **战俘权利保障的脆弱性**。权利之所以被称为权利不仅在于它是当事人获取利益或从事某种行为的可能性，更重要的是，权利是以某种力量作为其行使的后盾的。提供这种强力后盾的可以是法律、道德、宗教等各种社会规范。但因这些规范的特性不同，其强制的范围和程度是不同的。不难看出，春秋时期保障战俘权利的不是国家的强制力，而是人们在长期的社会实践中形成的或者从先前的社会承传下来的内心确认或者道德认知，因此，战俘的权利不具备法律权利的属性，可看作一种习惯权利或者道德权利。习惯与道德虽然具备了较为坚实的民意基础，但与法律相比，由于它们缺乏正式的强制性因素，因而是没有保障的。

3. **战俘权利内容的不完整性**。现代国际法中确立的战俘的权利是建立在人人平等的法律原则基础上的包括生命权、健康权、姓名权、名誉权等一系列权利在内的一个权利体系。与之相比，春秋时期战俘的权利是粗陋的，它主要是指战俘的生命权，至于健康权等权利往往是被忽视，有时甚至是有意加以侵害的。据记

---

[1] 杨伯峻：《春秋左传注》，中华书局 1990 年版。

[2] 同上。

载，春秋时期对战俘的处置流行着一种叫做"馘"的做法，就是割去战俘的左耳。如前文所述，对于春秋时期的战俘而言，能够获得生命权、健康权、名誉权在内的较为完整的权利的情况往往取决于其高贵的身份或血统，于大多数战俘而言，能够保全生命就已是幸事了。

三、战俘权利的来源 ——

现代西方战争法中战俘权利的来源与国家、个人在战争行为中的关系问题密切相关。因主体的不同呈现出不同的格局。国家的战争权利是公民的个体权利在国家形态上的放大。在战争法中，国家不得不获得一种拟制的法律人格，从而使不同的民族国家类似于平等的公民个体，这样一来，国家的战争权利就在个体权利中找到了依据。例如，格劳秀斯对国家的战争权考察时就是从自然法赋予个人的自卫权展开的："如果发动战争的目的是为了保全我们的生命和身体完整，以及获得或者拥有那些对生活来说是必要和有用的东西的话，那么都是完全与那些自然法原则相一致的。"[1] 实施国家权利意志的毕竟是个人，个人在战争中的权利究

---

[1] ［荷］格劳秀斯：《战争与和平法》，何勤华等译，上海人民出版社 2005 年版，第 50 页。

竟作何解释的关键又将是国家与个人在战争行为中的关系问题。卢梭指出："在战争之中，个人与个人绝不是以人的资格，甚至于也不是以公民的资格，而只是以兵士的资格，才偶然成为仇敌的；他们绝不是作为国家的成员，而只是作为国家的保卫者。"① 当代著名政治学家沃尔泽也表达了参加战争的人员在战争面前的无奈，"（这就是）战争特别的令人恐怖和厌恶之处：战争是这样一种社会活动，其参加者是作为忠诚的或受到强迫的国家成员，而不是作为自由选择自己事业和行动的个人使用武力以命相搏的"。② 这意味着，通常来说，参与战争的个人只有在拿起武器从事具体暴力行为的时候其主体资格才与国家发生了重合，双方的战斗员在这时候才处于战争法意义上的敌对状态。而当士兵放下武器，他的主体资格则与国家再度分离，其作为人的个体权利就理应受到保护。

现代西方战争法中战俘的权利保护就是伴随着上述观念的形成而不断地得到完善。在他们那里，国家与战斗员在战争中的主体性质影响着战俘权利的获得。敌对的国家、敌对的双方战斗员并不必然意味着敌对的个人。中国古代春秋时期战俘的权利来源显然并不具有这样的理论旨趣。它更多的是当时的社会思潮、政治制度以及军事需要在战争实践中的自发反映，在具有较强的针对性的同时缺乏稳定性和连续性。

① ［法］卢梭：《社会契约论》，何兆武译，商务印书馆 1980 年版，第 18 页。
② ［美］迈克尔·沃尔泽：《正义与非正义战争——通过历史实例的道德论证》，任辉献译，江苏人民出版社 2008 年版，第 33 页。

（一）民本思想的兴起——战俘权利来源的观念因素

对个体身份的重视是现代西方战争法保护战俘权利的逻辑起点，中国古代战俘的权利来源在这样的理论框架中是无法得到合理解释的。与历史上所有古代文明相似，"我们在社会的幼年时代中，发现有这样一个永远显著的特点。人们不是被视为一个个人而是始终被视为一个特定团体的成员"。① 中国古代也不例外。但这种"身份状态"在西方社会后来的历史中发生了重大的转变："个人逐渐从家族中间分离出来，成为法律所考虑的独立单位。"② 这不仅是人际关系领域的一大变革，也是与西方人本主义思想觉醒相伴随的社会的自我调适。遗憾的是，这样的转变在中国古代社会发展中严重缺失了。晁福林先生指出，先秦时期的"人"观念经历了神人合一、人族合一以及人为万物之灵长的认识过程。③ 这种对人自身特质的反思虽然也闪耀着人本主义的光辉，但在家国一体的政治结构的制约下，却不会真正带来法律关系的革新。晁福林先生也承认："这种趋于深层的观念结构就其社会背景来说，它实质上是社会人们等级地位的不平等因素逐渐增加的这一情况的反映。"④ 从这一点

---

① ［英］梅因：《古代法》，沈景一译，商务印书馆 1984 年版，第 105 页。

② 梁治平：《法辩——中国法的过去、现在与未来》，中国政法大学出版社 2002 年版，第 38 页。

③ 参见晁福林：《认识"人"的历史——先秦时期"人"观念的萌生及其发展》，《学术月刊》2008 年第 5 期。

④ 晁福林：《认识"人"的历史——先秦时期"人"观念的萌生及其发展》，《学术月刊》2008 年第 5 期。

看，平等独立的个体之"人"在中国古代不曾诞生，这就决定了中国古代的战俘权利不可能来源于对战俘个体身份的尊重。"人本主义思想"的缺位虽然没能令中国古代的战俘权利形成类似于西方战争法战俘权利那样的生发路径，不过，形成于周代的"民本主义思想"却弥补了这一空白。①

周灭殷商之后，周人在朝代的更替中看到了"皇天上帝改厥元子"，在否定天命永恒的基础上认识到了民众对于统治秩序建立和维护的强大作用，"民本"思想于是成为绵延西周乃至春秋中后期、占据统治地位的政治观念。民本思想源于周初确立的"德"的政治观念，它是"德"这一政治范畴在国家对民众关系上的要求和体现。商甲骨文中没有"德"字，类似的字形是"值"。双人代表通街大路之意，右边的"直"字表头发悬挂之形，两部分合起来，意谓悬挂头颅于通道处。②周代金文中出现了"德"字，从字形上看，"德"字承袭甲骨文中的"值"而来，但含义相去甚远。金文中的"德"字在甲骨文的"值"下面加上"心"，"意为全其下身，使其有头有心，成为一活的人，或不杀戮而以服人之心伐之"。③可见，今日所言"德"在文化源头的意义上是保全生命的意思。"德"所具有的"保全生命"的内涵使"德"与民本思想具有了一种天然的联系。保全生命，表现在政治上，就是恤民、保民，争取民心，做

---

① 笔者认为，"民""人"之分可以概括西方与中国古代法律关系中主体的地位差别。"人"是独立平等的个体，而"民"依然隐含着对集体的依附性、对统治权力的从属性。

② 刘翔：《中国传统价值观念诠释学》，桂冠出版社 1993 年版。

③ 金春峰：《"德"的历史考察》，《陕西师范大学学报》2007 年第 6 期。

到以民为本。恤民、保民有多层次的表现，最基本的是对民的权利的保障。"民"原指本氏族成员，随着统一政治国家的形成，"民"的外延扩大到政治国家成员包括异族。春秋时期的列国多为周初分封而来，出于同一个政治母体，存在着兄弟之国、甥舅之国的名分，"民"的概念在一定意义上不会受到国家边界的限制。因此，在战争中，那些已失去敌性的战败国的"民"（即战俘）的权利自然也应成为战胜国保障的对象。在当时的人们看来，诸侯中的大国仿佛家族中的兄长，在战争中也应表现出"家长或长者的仁爱之风度"。①这种仁爱在战争中就表现为对敌方的体恤，而体恤的根据则是敌方之民也是天下之人民，体恤敌方的方式之一就是赋予战俘权利。《左传·僖公十九年》记载，宋襄公想用俘获的小国国君作祭品祭祀以慑服东夷小国，司马子鱼谏曰："古者六畜不相为用，小事不用大牲，而况敢用人乎？祭祀以为人也。民，神之主也。用人，其谁飨之？"②"民，神之主也"正体现了春秋时期民本思想在战争中的延续。

同时，民本思想的兴起也是西周以降战争性质和目的改变的产物。三代以内的战争皆是种族战争，遵循着血腥的"丛林法则"，其胜负往往决定着全族的存亡。周以宗法制、异姓联姻制和封建制为基础建立起新型的部族联盟国家，改变了以往依靠武力征服所维持的大部族对小部族的统治格局，形成了"溥天之下，莫非王土，

---

① 张少瑜：《兵家法思想通论》，人民出版社 2006 年版，第 26 页。
② 杨伯峻：《春秋左传注》，中华书局 1990 年版。

率土之滨，莫非王臣"的四海一家的政治秩序。春秋时期虽然王室衰微，争霸战争频仍，但周初确立的政治秩序并未完全破坏，华夏诸国或有血亲、或有姻亲关系，因而列国之间的战争，在铁血厮杀的背后，总还蒙着温情脉脉的伦理面纱，战争的性质也由种族血战演变为亲族矛盾，战争的最终结果也多以"服人"，而不以兼并为目的。而善待他国之俘，安抚他国之民，则是战胜国获得他国之民心，达成战争目的的不可或缺的手段。例如，郑国大臣子展和子产率师突袭陈国以报复陈国于前一年冬天对郑国的讨伐。陈国不敌，陈侯着丧服，抱社主，命令百官及将佐自囚待命，但子展和子产并未将囚俘带回郑国而是"祝祓社，司徒致民，司马致节，司空致地，乃还"①（《左传·襄公二十五年》），即将所有的囚俘释放后返回郑国了。战争性质和目的的改变减弱了原来各部族或氏族冲突的无情性和残酷性，使战争具备了理性化的取向，也使得战俘生命的保全成为可能。

然而，民本思想毕竟只是统治阶级对"民"的作用自上而下的自觉认识，它离人本主义背后个体意识的觉醒还有相当的距离。"民"在统治者的观念中依然是一个集合概念，它的价值不是来自人自身的主体性价值，而是作为维系统治的工具价值。"无民而能逞其志者，未之有也。"②（《左传·昭公二十五年》）正是由于这一点，春秋时期的战俘权利的享有总是呈现出一定程度的主观随意

---

① 杨伯峻：《春秋左传注》，中华书局1990年版。

② 同上。

性，它往往为权力阶层的意志所左右，也就很难继续向规范化的法定权利迈进。及至战国末期，法家的功利战争观甚嚣尘上，"民"完全成为君主眼中国富、兵强、霸天下的手段，刑、赏、教的目的就是使民"竭其股肱之力，出死而为上用也"①（《商君书锥指·赏刑第十七》），君主对"民"的态度丧失了对人格尊严的基本尊重。在这样的思想背景之下，战争变得异常肆虐残暴，战俘权利保护在面对急切的求胜立功心理时顷刻间灰飞烟灭。

（二）宗法制度的维护——战俘权利来源的制度因素

宗法制度是氏族社会的血缘关系在新的历史条件下演化而成的，略具雏形于商代末期，确立完善于周代。周人对宗法制度的贡献在于将民间宗法关系引入了正式的政治体制和国家权力分配体制当中。迨至春秋，宗法制度在社会结构的剧烈变化中进行了自身的调整，对许多具体的制度依然发生着影响。战俘权利保护作为战俘处置中的制度因素是宗法制在战俘处置方式上的体现，而维护宗法制中的身份差别与血缘亲疏是战俘权利得以确立的根本出发点。

首先，战俘权利在实质上的身份之别是宗法制依"礼"而立的要求。春秋时期对待战俘的方式尽管在西周兴起的民本思想的驱动下巩固了一种人性化的取向，但为了维护宗法制度，善待战俘不是也不可能是惠及大众的，在具体标准上也不是一视同仁的，而是

---

① 蒋礼鸿：《商君书锥指》，中华书局 1986 年版。

有着较为明显的身份之别。宗法制度是围绕着礼制而建立的，"夫礼者，所以定亲疏、决嫌疑、别异同、明是非也"[1]（《礼记·曲礼上》）。《商君书·开塞》将礼总结为"亲亲而爱私"。[2]身份等级观念彰显其中。春秋时期，礼乐文化并未遭到根本破坏，礼依然是社会控制的重要手段，是列国处理国家关系的准则。在宗法制维护礼制的这种内在要求之下，春秋时期战俘的权利以身份为标准对身份不同的战俘赋予了不同的权利。实际上，战俘权利是建立在身份不平等基础之上的一种身份权。前文提及的对待被俘国君的礼遇、贵族的交换或者释放的实例便是明证。

其次，战俘权利体现了宗法制度确认的血缘亲疏关系。西周政权建立之前，周是从帝舜分封的一个氏族繁衍而来的，"（舜）封弃于邰，号曰后稷，别姓姬氏"[3]（《史记·周本纪》）。与实力强大的殷族相比，周族可谓小邦，但却从柔服亲民的政策中找到了强胜和立国的根本。西周政权建立之后，对原氏族成员的德行必须随着政治领域的拓展进一步扩大到对政治国家成员的保护，但维护周族的强势地位却是一条易世不变的法则。周统治者通过分封制实现了"德"统治秩序背后的这一政治目的。分封是为了"封建亲戚以藩屏周"。"昔武王克商，光有天下。其兄弟之国者十有五人，姬姓之国者四十人，皆举亲也。"[4]（《左传·昭公二十八年》）尽管到了

---

① 陈澔：《礼记集说》，上海古籍出版社 1987 年版。

② 蒋礼鸿：《商君书锥指》，中华书局 1986 年版。

③ 司马迁：《史记》，中华书局 1982 年版。

④ 杨伯峻：《春秋左传注》，中华书局 1990 年版。

西周后期，分封制造成了王畿土地的匮乏和周室的衰微，但分封制
所承载的血缘团体观念却始终存留着。春秋时期列国之所以普遍赋
予战俘权利，其原因之一就是从血缘团体观念中演化出的对于同
族的同情与尊重。"当时的人们认为，同姓或有姻亲关系的国家之
间，那些被俘获的人，是不宜作为带有耻辱性的囚俘处置的。"① 所
谓"此谁非王之姻亲，其俘之也？"②（《左传·僖公二十五年》）我
们从春秋时期献俘制度中所遵循的"诸侯不相遗俘"的惯例可以看
出春秋时期血缘观念对战俘权利的影响。所谓献俘也叫献捷，即克
敌凯旋、告功于朝。献俘是为了树立王对于蛮夷之族的威严，对于
华夏各国的俘虏则不能被献。因此，当晋侯让巩朔献齐国的俘虏于
周王时，"王弗见"。原因是"蛮夷戎狄，不式王命，淫缅毁常，王
命伐之，则有献捷。王亲受而劳之，所以惩不敬，劝有功也。兄弟
甥舅，侵败王略，王命伐之，告事而已，不献其功，所以敬亲昵、
禁淫慝也"③（《左传·成公二年》）。

　　可见，宗法制度对战俘权利的贡献在于将身份等级与血缘亲疏
引入了战俘问题的解决。将国君、贵族等与天子有血缘或姻亲关系
的人首先从众多战俘中分离出来，给予他们礼遇或者优待，渐次再
扩大到对普通战俘生命的宽恕，这本身就是宗法制度的内在要求。
但也是出于同样的原因，战俘权利的享有与宗法制度过分密切地联
系在一起，必将制约战俘权利作为一项独立制度的自足性。及至春

---

① 杨建华：《春秋时期对战俘的处置方式》，《历史教育》1987 年第 7 期。

② 杨伯峻：《春秋左传注》，中华书局 1990 年版。

③ 同上。

秋末期，连年的诸侯兼并战争不断地打破依照身份、血缘划分等级的标准，形成"大则以王，小则以霸"[1]（《孟子·滕文公下》），"力多则人朝，力寡则朝于人"[2]（《韩非子·显学》）等以占有土地之大小、财力与兵力强弱为等级标准的局面。于是宗法制逐步解体，身份界限日益模糊，血缘观念日趋淡化。作为维系战俘权利的身份与血缘因素的消失，要么带来权利的绝对平等，要么就会使它所保障的权利彻底沦为政治功利的牺牲品。在主体意识先天不足的先秦时期，走向后者是意料之中的。

（三）取胜的军事需求——战俘权利来源的实力因素

战争说到底是实力的较量。即便是将"仁"看作胜负决定因素的孟子也坦言："小固不可以敌大，寡固不可以敌众，弱固不可以敌强。"[3]（《孟子·梁惠王上》）荀子也承认，力与富可以兼人。[4]先秦法家则更是实力的推崇者。商鞅说："国之所以重，主之所以尊，力也。"[5]（《商君书·慎法》）军事实力中一个重要的因素就是可以用于战争的人数。美国著名学者摩根索说："一个国家在世界上不属于人口众多的国家之列，它就不能维持一流大国的地位或成为一

---

[1] 杨伯峻：《春秋左传注》，中华书局 1990 年版。

[2] 姜俊俊标校：《韩非子》，上海古籍出版社 1996 年版。

[3] 杨伯峻：《孟子译注》，中华书局 1960 年版。

[4] 参见《荀子·议兵》："凡兼人者有三术：有以德兼人者，有以力兼人这，有以富兼人者。"

[5] 蒋礼鸿：《商君书锥指》，中华书局 1986 年版。

个一流大国。"①战俘作为被俘获的训练有素的人员，能否转化为俘获方的战斗员以强大其军事实力呢？

按照现代战争法的规则要求，战胜者对于俘获的敌方人员不得强迫其成为己方的战斗员。这是出于对不同政治国家公民之间泾渭分明的国籍身份标识的认可。强迫俘虏充当己方的战斗员意味着让其在放弃自己的生命权与放弃作为一国公民的身份权之间作出两难选择。而"尊严附着于公民身份，是'公民'特有的人格禀赋"②。对公民身份的漠视与否定违背了现代法制的精神内核。但是在中国古代，"人"的国民性属性是模糊不清的。那时的人们身处的"国家"不是现代意义的政治国家，更多的只是地理界限上的不同领域，政治与文化的隔阂是微乎其微的，人们都是天下之民。在一个以"天下"为维度的世界体系中，内外之别，甚至敌友之别都是相对的，而非绝对的。这样一来，化敌为友、为我所用，就不再是战争中的道德禁区。

另外，战争的现实需要也为给予战俘权利创造了条件。西周灭亡以后，周天子的权力逐渐失去权威，出现了"周室衰微，诸侯强并弱，齐、楚、秦、晋始大，政由方伯"③（《史记·周本纪》）的政治局面。周王室对诸侯国控制力的减弱，滋生了大国争霸的图谋，战争成为时代的主题。据史书记载，春秋二百四十二年间，有大小战事四百八十多起。

---

① ［美］摩根索：《国家间政治》，中国人民公安大学出版社1990年版。

② 许章润：《城墙之外无政治》，《读书》2010年第2期。

③ 司马迁：《史记》，中华书局1982年版。

有了"天下"观念的支撑，再加之日趋激烈的军事斗争，出于对取胜的军事需求的考量，善待战俘，赋予战俘最基本的权利的思想和做法应运而生。

1. 取胜标准的改变使人的价值被逐步确认。在战争中取胜的衡量标准并非一成不变。在资源极其匮乏的时代，人作为生产力中最为活跃的因素的意义不会受到充分的重视，人消耗资源的特性更为鲜明。所以早期战争的胜利主要是以拓展生存空间、掠夺物质财富为标准，人在"胜"的需求中不具备独立的价值。据古代文献和考古发现证明，早期战争中的俘虏是要杀掉的。但是，随着社会生产实践的丰富，人作为劳动工具的创造者以及连接劳动工具与生产资料的中介者，其劳动价值远大于资源消耗。恩格斯在《反杜林论》中说："在这以前人们不知道怎样处理战俘，因此就简单地把他们杀掉，在更早的时候甚至把他们吃掉。但是在这时已经达到的'经济情况'的水平上，战俘获得了一定的价值，因此人们就让他们活下来，并且使用他们劳动。"[①]春秋时期，人们也意识到人成了富国强兵最重要的资源。战争中抓获的俘虏，如果善待之也可能转化成现实的生产力。随着人的劳动价值被发现和重视，胜的尺度就不再仅仅是拓展生存空间的大小和掠夺物质财富的多少这样的量化的硬性标准，对人的占有尤其是使人心的归顺成为衡量战争胜负的软标准，战俘因此也不再被看作战胜国沉重的经济负担反而成为战胜国扩充国力的一个新的刺激因素。《周易·比·初六》的一段

---

① 《马克思恩格斯选集》(第三卷)，人民出版社1972年版，第217—218页。

话说明了这一问题:"有孚,比之,无咎。有孚,盈缶,终来有它,吉。"① 意思是:抓到俘虏,亲近安抚他们,没有坏处;抓到俘虏,给他们酒饭吃,纵使有变故,也会逢凶化吉。②

战俘作为人的劳动价值被肯定的同时,战俘的智力价值也日益受到重视。战俘只要有能力,就可以不论其战俘身份被擢举到国家的较高职位上来。《左传·哀公十七年》记载,楚国在平定白公胜之乱后准备伐陈,太师子谷推荐右领差车与左史老二人为将,叶公诸梁不同意,认为他们是战俘,对此,子谷以楚国史实力争道:"观丁父,鄀俘也,武王以为军率,是以克州、蓼,服随、唐,大启群蛮。彭仲爽,申俘也,文王以为令尹,实县申、息,朝陈、蔡,封畛于汝。唯其任也,何贱之有?"③ 楚国君主最终听取了子谷的建议,命令差车与老率师伐陈并取得了胜利。

2. 战争规模的扩大使战俘的军事价值被确认。春秋时期 200 多年的历史,平均每年要发生两次以上的战争,战争规模也不断扩大。公元前 632 年,城濮之战,晋车以 700 乘败楚师④(《左传·僖公二十八年》)。公元前 541 年,晋治兵于邾南,有简甲车 4000 乘⑤(《左传·昭公十三年》)。公元前 530 年,楚灵王自称,仅陈、蔡、东、西四个大县,就有 4000 乘的兵力⑥(《左传·昭公

---

① 郭彧:《周易》,中华书局 2006 年版。
② 参见李镜池撰,曹础基整理:《周易通义》,中华书局 1981 年版,第 20 页。
③ 杨伯峻:《春秋左传注》,中华书局 1990 年版。
④ 同上。
⑤ 同上。
⑥ 同上。

十二年》)。故孙子曰："凡用兵之法，驰车千驷，革车千乘，带甲十万，千里馈粮。"①（《孙子·作战篇》）

战争规模的扩大，一是战车数量的增多，然而更主要的还是军队成员的增多。西周时期一乘战车除车上甲士三人之外，只有徒兵22人，而春秋时期除车上甲士外，随车徒兵达到72人之多，徒兵在战争中的地位逐步上升，也使扩充兵员被提到各个国家的议事日程。各国一方面通过改革兵员征集的方式，打破"国人当兵，野人不当兵"的传统，来扩军备战，另一方面，这一时期的军事家也认识到了战俘的军事价值。在战争中把敌方的战俘直接编入己方军队，无疑是补充己方兵员的快捷、有效的途径。孙子说，"故车战，得车十乘已（以）上，赏其先得者，而更其旌旗，车杂而用之，卒善而养之，是谓胜敌而益强"②（《孙子·作战篇》），即对待俘虏与对待缴获敌方的战车一样，都要编入己方的军队，为我所用，善待俘虏的目的是让他真心归附，成为己方的战斗力量，只有这样，才能通过战胜敌人而增强自己的实力。在春秋时期的战争实践中，利用普通战俘充当甲士、小吏屡见不鲜。例如，"吴人伐越，获俘焉，以为阍（守门人），使守舟"③（《左传·襄公二十九年》），齐国用莱俘执兵器妄图劫持定公④（《左传·定公十年》）。

"取胜"的军事需求与"天下"观念一起构成战俘权利来源的

---

① 曹操等注：《孙子》，上海古籍出版社1995年版。

② 同上。

③ 杨伯峻：《春秋左传注》，中华书局1990年版。

④ 同上。

因素之一。春秋末期及至战国，当普遍的兼并战争不断地将国家利益推向极致，统治者的国家意识增强，"天下"观念虽然在追求统一的总体战略上还依稀可见，但对于每一次具体的战争来说，却已逐步淡出了战争实践者的视野。没有了天下观念，化敌为友也就显得费时费力，这必然与兼并战争追求效率的要求产生冲突。实力需求一旦失去这种总体性思维的保障就可能演变成一种赤裸裸的暴力。现存的许多古籍记载了当时战争的惨烈程度。例如《墨子·非攻》说："今王公大人，天下之诸侯……皆差论其爪牙之士，皆列其舟车之卒伍，于此为坚甲利兵，以往攻伐无罪治国。入其国家边境，芟刈其禾稼，斩其树木，堕其城郭，以湮其沟池，攘夺其牲牷，燔溃其祖庙，劲杀其万民，覆其老弱，迁其重器……"[1] 无辜平民在战争中尚且命悬一线，更遑论战俘的权利了。战俘权利在此时的荡然无存从法家制定的激励措施中也可窥一斑。"商君之法曰：斩一首者爵一级，欲为官者为五十石之官。斩二首者爵二级，欲为官者为百石之官。官爵之迁与斩首之功相称也。"[2]（《韩非子·定法篇》）国家意识的强化与这种外在的强烈物质刺激相结合切断了战俘权利向前发展的历史脉络。这也就是我们从战国时期的战争中很难再发现善待俘虏的记载的原因。

中国古代战争法中的战俘权利，虽然并非现代意义上平等完整的法律权利，但它的不平等中孕育着对人性尊严的关怀，不完整中

---

① 孙诒让：《墨子间诂》，中华书局 2001 年版。

② 姜俊俊标校：《韩非子》，上海古籍出版社 1996 年版。

渗透着对"仁"的追求。这些关怀和追求在后世的战争实践中逐步形成了我国军事文化中的人文精神传统,成为我国传统兵学文化的重要组成部分,对春秋之后的许多朝代出现的善待俘虏的立法产生了深远的影响,为日后战争人道规则的形成播下了种子。

　　人类文明进步离不开和平环境的支撑，而战争恰恰构成了对人类文明进步的最大威胁，因此，通过战争法规制战争成为人类争取和平、实现文明进步的重要路径。有学者曾指出，"法律不是某种不变的或者超历史的现象，而是在不同的社会历史环境下建构起来的不同的经验现象"。[①]"战争法"这一概念也是历史的产物，在不同的历史和国际背景下有不同的含义，尽管在"公元前第一个千年时中国的统治者们之间的关系很难被称作是'国际的'"[②]，然而战争法理论的发展，注定与古今中外思想家对实现人类永久和平的深邃思考相连，即使是早期的、处于萌芽状态的规制战争暴力的理念和做法，也代表了人类文明的基本价值，对当今战争法理论的发展依然不无启示意义。作为具有几千年不间断的文明历史的国家，中国很长一段时间以"修身齐家治国平天下"作为最高政治理想。中国人致力于建构一整套文明秩序来囊括和整合不同的地理空间和社会风俗，由此构成中华文明的精神，体现中国人的核心价值。[③]中国古代战争法是中华文明的产物，蕴含着中国人的核心价值。从中华文明的视角来认识和理解战争，是中国古人独特的宇宙观、世界观在战争领域的投射。中国古代战争法，发展与繁盛于先秦时期，

---

① ［英］韦恩·莫里森：《法理学》，李桂林等译，武汉大学出版社 2003 年版，第 5 页。

② ［美］阿瑟·努斯鲍姆：《简明国际法史》，张小平译，法律出版社 2011 年版，第 8 页。

③ 参见邵六益：《政法传统研究：理论、方法与论题》，东方出版社 2022 年版，"丛书总序"第 I 页。

尤以春秋时期的实践最为丰富。这一时期，中国古代战争法获得了包括观念、制度、实践诸方面的完整形态。战国之后，随着大一统帝国的建立，制度形态的中国古代战争法渐趋式微，但其作为观念形态和知识体系依然长久地影响着中国人的战争行为。迨至晚清，近代国际法随着西方的船坚炮利进入中国，作为知识与观念的中国古代战争法也彻底崩溃。中国古代战争法虽不同于当今规范意义上的战争法，却可以使我们在一定程度上从战争法的原初状态对其进行考察。21世纪，在人类经历了最为彻底的一轮全球化之后，人类命运更加紧密地联系在一起，中国古代战争法背后的思维逻辑也值得被重现发现，并参与到国际规则体系的知识建构之中。

第一，中国古代战争法是中国古人天下观的产物，天下观是中国古代战争法产生的理论前提。从"天下"的视角来认识战争，是中国古人独特的宇宙观、世界观在战争领域的反映，天下观对于中国古代战争法形成的意义，在于它规定了中国古人对于战争定义的思考路径、对于战争中敌我关系的认识，并因此决定了对战争行为进行规制的特有思路，形塑着中国传统的战争行为模式。中国古人以"天下致治"为追求，以"天朝上国"为中心，通过华夏与"蛮夷"之辨，将战争视为征伐不义邦国和族群的正当性"刑罚"手段，通过"天下共主—藩属国—化外各邦"的礼法等级体制约束战争，并探寻大一统下的和平秩序。也就是说，诸侯破坏天下秩序的行为是招致战争的合法理由，而战争作为惩罚手段，只能施加于违反礼法等级的行径，无辜平民的人身和财产则应加以保护。随着战争实践的发展以及大一统帝国的实现，作为制度形态的中国古代战争法逐渐式微，但是它作为"观念中的法"，却一直伴随着中华文明的不断自我更新、自我发展，处于生生不息的延续之中。

第二，兵与刑的关系是阐释中国古代战争法起源的重要坐标。刑起于兵，是法起源的中国路径。它表明中国古代法形成于战争或与战争有关的环境。三代时期，军事打击与法律制裁还没有明确划分，人们普遍把用兵看作是最严厉的刑罚，此所谓"兵刑合一"。此后随着阶级分化、国家建立，兵与刑逐步分离，军事打击的对外性与法律制裁的对内性之间的差异不断强化，适用于本族的刑罚、礼制，与对外的战争行为规范，从内容到形式都显著不同，形成了各自不同的发展轨迹。据考证，这种具有对外属性的军事打击活动，演变至西周末期到战国末年之间的诸侯国战争时，受到了类似于今天战争法规则的约束。这一时期的思想家们关于战争的思想和理论，以及史书记载的诸侯国战争活动中的一些习惯性做法，成为当代学者研究中国古代战争法的重要资源。

第三，仁与利构成了中国古代战争法价值体系的核心内容。"仁"作为中国古代战争法的核心价值，是中国古代战争现实与道德理想主义博弈的结果。然而，中国古代的战争实践虽然在"仁"的价值的影响下，很长一段时间都倾向于对战争伦理的特别关照，但这依然无法掩饰"兵以利动"的战争本质。"仁"与"利"正是中国古代战争法中一对相互冲突的价值要素。多元价值的冲突与选择是法发展的内在动力，如果某一价值要素彻底挤占了其他价值要素的生存空间，那么法也就失去了其生发的源泉。"人道需求"与"军事必要"在战争法中是一对永恒的矛盾。"仁"与"利"这对价值要素的冲突与协调构成了中国古代战争法发展的矛盾运动，正是中国古代的思想家们对这对矛盾的自觉认识与理性调和，使得中国古代的战争法蕴含着巨大的生命潜力。

第四，军礼是中国古代战争法规则体系的载体。在战争法理论中，对战争的规制包含两个层次，即开战正义（jus ad bellum）与交战正义（jus in bello）。在中国古代，面对兵连祸结的社会现实，中国古代先贤虽然没有使用开战正义与交战正义的概念，但在中国古代的战争实践中，各政治实体之间也产生了一系列对战争手段进行限制的战争规则，这些规则构成了军礼的重要内容。虽然这些军礼不能等同于近现代的战争法，但从功能主义的角度观察，它作为一种制度性手段，依然指导和规范着战争行为，为当时的战争划定了合法性的边界。中国古代的开战规则包括战争主体合于礼、战争目的合于礼等内容；中国古代的交战规则包括通牒请战、闻丧止伐、穷寇勿追、礼遇国君、礼待来使等内容；中国古代的占领规则涉及战败国政权的处置、战败国之民人身和财产权利等内容；中国古代关于战俘的保护，主要涉及被俘国君的权利、被俘贵族的权利、被俘平民的权利等内容，中国古代的战俘权利只能在当时的历史背景中获得其自身的规定性，因此它也有着许多无法超越的局限，其处置方式具有随意性、权利内容也具有不完整性。

第五，晚清之际战争法经历了从"天下"到"世界"的古今之变。晚清时期，随着清廷军事上的失败，晚清政府和士大夫阶层不得不学习、借鉴和接受近代战争法。这一学习过程，也伴随着从

"中国的天下"到"世界的中国"的转变，中国古代战争法的观念形态和知识体系以及背后的政治文明体制受到了根本的冲击，作为"观念中的法"，中国古代战争法由此也走向了解体。晚清战争法的古今之变，经历了从"天下"到"万国"再到"世界"的历程，背后隐藏的则是不同的政治哲学体系、知识—权力架构和世界理想图景。

不可否认，近现代战争法是欧洲文明的产物，而欧洲文明在世界的扩展，也是一个历史的过程。在古代和中世纪历史上的区域社会逐渐被一个全球性的国际社会所替代的过程中，不同的国家和民族并未被设定于平等的地位。有学者研究指出，"从历史上看，国际社会这个概念本身就与特定的地域、文化乃至宗教紧密交织在一起"。① "在十九世纪国际法的全球传播过程中，西方国家通过对文明话语的建构，否认了非西方国家的国际法主体资格。'文明'提供了一种对'国际法共同体'成员及其候选人予以有效限制的学说。"② 卡尔·施米特曾指出，"独占'人类'一词，征用或垄断这个概念，可能会造成某些无法估量的后果，比如说，否认敌人具有人类的品质，宣布敌人为人类的罪犯；借此，一场战争就会变得极端非人道"。③ 这一洞见无疑在提醒我们警惕近现代战争法理论中隐含的话语霸权，突破这种霸权，无疑需要我们建

---

① 赖骏楠：《国际法与晚清中国》，上海人民出版社 2015 年版，第 4 页。
② 同上书，第 6 页。
③ ［德］施米特：《政治的概念》，刘宗坤、朱雁冰等译，上海人民出版社 2018 年版，第 68 页。

构更广阔的视野。

当今世界，经过 20 世纪以来国际关系的巨大变革，战争法已经逐步脱离欧洲特色，而越来越具有世界性。科技的进步和战争实践的发展，也催生了战争法暂时无力顾及的新兴领域，并动摇了战争法赖以产生的基础。比如，在新质新域作战行动中，作战场域从有形拓展到无形，损害后果从直接变为间接，作战手段不可见、不可控、不可证，而现代战争法放弃对战争的价值判断，只规范作战行为，希望以此来限制战争之害，从而实现战争中的人道价值，这样的目的在新的作战样式之下能否真正实现，是值得深思的。当代著名学者詹姆斯·Q.惠特曼指出，现代战争法的兴起并没有成功地做到结束战争的邪恶，"战争不仅仅是一系列的暴力行为，而且如果我们仅是关注由战时法规制的暴力行为，我们将永远无法建构出一个充分有效的战争法体系"。[①] 对历史的反思与回望，无疑有助于我们思考现代的困境。

总之，在以往的战争法理论研究中，中国古代的实践和经验并未引起足够的重视，要因应未来战争的发展，战争法研究就需要重新整合历史知识，超越西方的历史和经验，将包括中国古代文明在内的人类其他文明中的积极经验和价值观念融汇于战争法理论的知识建构之中，从而形成看待历史的新视角、新话语；中国古代战争法中表达的仁者无敌的道德精神、价值优先的致思理路、天下之治的终极追求，无不彰显出一种整体的器识，可以为国际法治的发展

---

① ［美］詹姆斯·Q.惠特曼：《战争之谕》，赖骏楠译，中国政法大学出版社 2015 年版，第 250 页。

提供一种新的视角和启示；而对于中国的战争法学研究来说，历史方法的引入，无疑会赋予我们鉴往知来的智慧，以更好地回应未来战争带来的诸多迷思和挑战。

古代文献

1. 阮元:《十三经注疏》,中华书局 1980 年版

2. 孙星衍:《尚书今古文注疏》,中华书局 1986 年版

3. 陈澔:《礼记集说》,上海古籍出版社 1987 年版

4. 杨伯峻:《春秋左传注》,中华书局 1990 年版

5. 朱熹:《四书章句集注》,中华书局 1993 年版

6. 高亨:《诗经今注》,上海古籍出版社 1980 年版

7.《国语》,上海古籍出版社 1978 年版

8. 黄怀信等:《逸周书汇校集注》,上海古籍出版社 2007 年版

9. 刘向集录:《战国策》,上海古籍出版社 1985 年版

10. 司马迁:《史记》,上海古籍出版社 1986 年版

11. 班固:《汉书》,上海古籍出版社 1986 年版

12. 范晔:《后汉书》,中华书局 1965 年版

13. 杜佑:《通典》,中华书局 1984 年版

14. 楼宇烈:《老子道德经校释》,中华书局 2008 年版

15. 王先谦:《荀子集解》,中华书局 1988 年版

16. 孙诒让:《墨子间诂》,中华书局 1986 年版

17. 黎翔凤:《管子校注》,中华书局 2004 年版

18. 蒋礼鸿:《商君书锥指》,中华书局 1986 年版

19. 姜俊俊标校:《韩非子》,上海古籍出版社 1996 年版

20. 许维遹:《吕氏春秋集释》,北京中国书店 1985 年版

21.《司马法》，上海古籍出版社 1990 年版

22. 曹操等注，袁啸波标校：《孙子》，上海古籍出版社 1995 年版

23.《吴子》，上海古籍出版社 1990 年版

24.《尉缭子》，上海古籍出版社 1990 年版

25. 银雀山汉墓竹简整理小组编：《银雀山汉墓竹简·孙膑兵法》，文物出版社 1985 年版

26. 李昉等：《太平御览》，中华书局 1960 年版

著作

1. 王国维：《观堂集林》，中华书局 1959 年版

2. 陈顾远：《中国国际法溯源》，上海书店出版社 1991 年版

3. 徐传保编著：《先秦国际法之遗迹》，上海书店出版社 1991 年版

4. 晁福林：《先秦社会形态研究》，北京师范大学出版社 2003 年版

5. 瞿同祖：《中国封建社会》，上海人民出版社 2003 年版

6. 萧公权：《中国政治思想史》，辽宁教育出版社 1998 年版

7. 陈来：《古代宗教与伦理》，生活·读书·新知三联书店 2009 年版

8. 陈来：《古代思想文化的世界：春秋时代的宗教、伦理与社会思想》，生活·读书·新知三联书店 2002 年版

9. 李泽厚：《中国古代思想史论》，安徽文艺出版社 1994 年版

10. 王震中：《中国文明起源的比较研究》，陕西人民出版社

1994 年版

11. 程远：《先秦战争观研究》，陕西人民出版社 2006 年版

12. 史广全：《礼法融合与中国传统法律文化的历史演进》，法律出版社 2006 年版

13. 宫玉振：《中国战略文化解析》，军事科学出版社 2002 年版

14. 朱文奇：《国际人道法》，中国人民大学出版社 2007 年版

15. 杨向奎：《宗周社会与礼乐文明》，人民出版社 1992 年版

16. 谢维扬：《中国早期国家》，浙江人民出版社 1995 年版

17. 刘丰：《先秦礼学思想与社会的整合》，中国人民大学出版社 2003 年版

18. 钱锺书：《管锥编》(第一册)，中华书局 1986 年版

19. 侯外庐：《中国思想通史》第一卷，人民出版社 1957 年版

20. 韦政通：《中国思想史》，吉林出版集团有限责任公司 2009 年版

21. 葛兆光：《中国思想史》第一卷，复旦大学出版社 2009 年版

22. 许倬云：《中国古代社会史论》，广西师范大学出版社 2006 年版

23. 马小红：《礼与法——法的历史连接》，北京大学出版社 2004 年版

24. 赵汀阳：《天下体系——世界制度哲学导论》，江苏教育出版社 2005 年版

25. 张光直：《中国青铜时代二集》，生活·读书·新知三联书店 1990 年版

26. 阎学通、徐进等：《王霸天下思想及启迪》，世界知识出版社 2009 年版

27. 梁治平：《法律的文化解释》，生活·读书·新知三联书店 1994 年版

28. 梁治平：《法辩——中国法的过去、现在与未来》，中国政法大学出版社 2002 年版

29. 张少瑜：《兵家法思想通论》，人民出版社 2006 年版

30. 孙玉荣：《古代中国国际法研究》，中国政法大学出版社 1999 年版

31. 陈戌国：《先秦礼制研究》，湖南教育出版社 1991 年版

32. 郑开：《德礼之间——前诸子时期的思想史》，生活·读书·新知三联书店 2009 年版

33. 王健：《西法东渐：外国人与中国的近代变革》，中国政法大学出版社 2001 年版

34. 刘家新、齐三平主编：《中国军事百科全书·战争法分册》，中国大百科全书出版社 2007 年版

35. ［美］杜维明：《儒家思想新论——创造性转换的自我》，江苏人民出版社 1996 年版

36. ［美］许田波：《战争与国家形成：春秋战国与近代早期欧洲之比较》，徐进译，上海人民出版社 2009 年版

37. 赵鼎新：《东周战争与儒法国家的诞生》，夏江旗译，华东师范大学出版社 2006 年版

38. ［荷］格劳秀斯：《战争与和平法》，何勤华等译，上海人

民出版社 2005 年版

39. 〔德〕黑格尔:《法哲学原理》,范扬等译,商务印书馆 1961 年版

40. 〔德〕康德:《永久和平论》,何兆武译,上海人民出版社 2005 年版

41. 〔德〕康德:《法的形而上学原理——权利的科学》,沈叔平译,商务印书馆 1991 年版

42. 〔德〕普芬道夫:《人和公民的自然法义务》,鞠成伟译,商务印书馆 2009 年版

43. 〔法〕卢梭:《社会契约论》,何兆武译,商务印书馆 1980 年版

44. 〔英〕梅因:《古代法》,沈景一译,商务印书馆 1995 年版

45. 〔德〕马克斯·韦伯:《儒教与道教》,王容芬译,商务印书馆 1995 年版

46. 〔德〕马克斯·韦伯:《经济与社会》,林荣远译,商务印书馆 1997 年版

47. 〔美〕罗斯科·庞德:《通过法律的社会控制》,沈宗灵译,商务印书馆 2010 年版

48. 〔美〕约翰·罗尔斯:《万民法》,张晓辉等译,吉林人民出版社 2001 年版

49. 〔美〕迈克尔·沃尔泽:《正义与非正义战争》,任辉献译,江苏人民出版社 2008 年版

50. 〔德〕魏德士:《法理学》,丁晓春、吴越译,法律出版社 2005 年版

51. ［英］韦恩·莫里森：《法理学》，李桂林等译，武汉大学出版社 2003 年版

52. ［美］理查德·塔克：《战争与和平的权利》，罗炯等译，译林出版社 2009 年版

53. ［德］克劳塞维茨：《战争论》，军事科学院译，商务印书馆 1978 年版

54. ［英］利德尔·哈特：《战略论》，军事科学院译，战士出版社 1981 年版

55. ［美］本杰明·史华兹：《古代中国的思想世界》，程钢译，江苏人民出版社 2004 年版

56. ［美］约瑟夫·列文森：《儒教中国及其现代命运》，郑大华、任菁译，广西师范大学出版社 2009 年版

57. 徐进：《暴力的限度——战争法的国际政治分析》，中国社会科学出版社 2008 年版

58. ［英］坎南编：《亚当·斯密关于法律、警察、岁入及军备的演讲》，陈福生、陈振骅译，商务印书馆 2011 年版

59. ［法］卢梭：《政治制度论》，刘小枫编，崇明等译，华夏出版社 2013 年版

60. ［英］霍布斯：《利维坦》，黎思复、黎廷弼译，商务印书馆 1985 年版

61. 郑观应：《盛世危言》，华夏出版社 2002 年版

62. 强世功：《立法者的法理学》，生活·读书·新知三联书店 2007 年版

63. ［英］约翰·达尔文：《帖木儿之后：1405 年以来的全球帝国史》，黄中宪译，中信出版社 2021 年版

64. 苏力：《大国宪制：历史中国的制度构成》，北京大学出版社 2018 年版

65. 林学忠：《从万国公法到公法外交：晚清国际法的传入、诠释与应用》，上海古籍出版社 2019 年版

66. 茅海建：《天朝的崩溃：鸦片战争再研究（修订版）》，生活·读书·新知三联书店 2017 年版

67. ［日］王柯：《从"天下"国家到民族国家：历史中国的认知与实践》，上海人民出版社 2020 年版

68. 蒋廷黻：《中国近代史》，江苏人民出版社 2017 年版

69. 金观涛、刘青峰：《观念史研究：中国现代重要政治术语的形成》，法律出版社 2010 年版

70. 章永乐：《此疆尔界："门罗主义"与近代空间政治》，生活·读书·新知三联书店 2021 年版

71. 田涛：《国际法输入与晚清中国》，济南出版社 2001 年版

72. 梁治平：《礼教与法律：法律移植时代的文化冲突》，广西师范大学出版社 2015 年版

73. ［德］卡尔·施米特：《大地的法》，刘毅等译，上海人民出版社 2017 年版

74. 强世功：《法律的现代性剧场：哈特与富勒论战》，法律出版社 2005 年版

学术论文

1. 俞正山：《仁为兵本，兵依仁用——略论先秦兵学的人道观念及人道规则》，《西安政治学院学报》2008 年第 1 期

2. 俞正山：《中西战争行为规范的历史演变》，《中国军事科学》1995 年第 4 期

3. 于汝波：《略谈〈孙子兵法〉的仁诈辩证统一思想》，《孙子新论集粹》，长征出版社 1992 年版

4. 倪乐雄：《孔子与战争》，《军事历史研究》1999 年第 4 期

5. 黄朴民：《从"以礼为固"到"兵以诈立"——对春秋时期战争观念与作战方式的考察》，《学术月刊》2003 年第 12 期

6. 黄朴民：《孙子兵学与古代战争》，《浙江学刊》1995 年第 2 期

7. 王志平：《论中国古代的兵学与兵法》，《中国军事科学》2000 年第 6 期

8. 金春峰：《"德"的历史考察》，《陕西师范大学学报》2007 年第 6 期

9. 何怀宏：《杀人之中又有礼焉——战争行为的伦理》，《云南大学学报（社会科学版）》2004 年第 2 期

10. 田旭东：《先秦军礼考》，第三届中国军事史研讨会大会交流论文 2009 年

11. 徐杰令：《春秋战争礼考论》，《东北师大学报（社会科学版）》2000 年第 2 期

12. 景红艳、辛田：《先秦献捷礼考论》，《中华文化研究》

2005 年秋之卷

13. 姚中秋：《君子或绅士中心的秩序》,《读书》2010 年第 12 期

14. 杨建华：《春秋时期对战俘的处置方式》,《历史教育》1987 年第 7 期

15. 邹磊：《先秦国际法研究与中国"世界图景"的重建——从丁韪良到陈顾远》,《国际观察》2009 年第 3 期

16. 宫玉振：《论近代中国的战略文化走向》,《中国军事科学》2000 年第 6 期

17. 何新华：《试析古代中国的天下观》,《东南亚研究》2006 年第 1 期

18. 胡旭晟：《描述性的法史学与解释性的法史学》,《法律科学》1998 年第 6 期

19. 王志强：《中国法律史学研究取向的回顾与前瞻》,《中西法律传统》第二卷，中国政法大学出版社 2002 年版

20. 尚会鹏：《"个人"、"个国"与现代国际秩序——心理文化的视角》,《世界经济与政治》2007 年第 10 期

21. 尚会鹏：《"伦人"与"服国"——从"基本人际状态"的视角解读中国的国家形式》,《国际政治研究》2008 年第 4 期

22. 尚会鹏：《"伦人"与"天下"——解读以朝贡体系为核心的古代东亚国际秩序》,《国际政治研究》2009 年第 2 期

23. 秦亚青：《国际关系理论中国学派的可能与必然》,《国际

展望》2006 年第 2 期

24. 陈刚：《有限战争：18 世纪欧洲战争的形态、法律根基及其消亡》，《政治与法律评论》2020 年第 9 期

25. 强世功：《地理、自由精神与欧亚大分流》，《读书》2020年第 3 期

26. 强世功：《哲学与历史——从党的十九大报告解读"习近平时代"》，《开放时代》2018 年第 1 期

27. ［美］络德睦：《中国在近代国际法话语中的形象及其变迁》，汤霞译，《政治与法律评论》2020 年第 10 期

28. 张建华：《中法〈黄埔条约〉交涉——以拉萼尼与耆英之间的来往照会函件为中心》，《历史研究》2001 年第 2 期

29. 刘小枫：《欧洲文明的"自由空间"与现代中国——读施米特〈大地的法〉劄记》，《中国政治学》2018 年第 2 期

后
记

　　本书是国家社科基金西部项目"中国古代战争法"的研究成果。长久以来，寻求中国古代军事法律文化的开新之路是作者的研究兴趣所在。中国古代战争实践中存在的战争规则，为我们探寻这一主题提供了一个有意义的切入点。我们希望能够通过揭示中国古代战争规则演变的规律，管窥中国与世界、传统与现代的复杂关系。然而这一目标过于宏大，在写作过程中，我们常有力不从心之感。好在思考的快乐战胜了案牍的劳顿，我们最终能够相互鼓励，使这本小书不至于半途而废。

　　本书的具体分工如下：熊梅撰写前言、第一章、第四章、第五章；姬娜撰写第二章、第三章、第六章；冯争争撰写结论部分。熊梅负责框架的设计及最终的统稿。

作者

2023 年 1 月 31 日

图书在版编目(CIP)数据

中国古代战争法研究/熊梅,姬娜,冯争争著.——
上海:上海人民出版社,2023
ISBN 978-7-208-18582-1

Ⅰ.①中… Ⅱ.①熊… ②姬… ③冯… Ⅲ.①战争史
-研究-中国-古代 Ⅳ.①E291

中国国家版本馆 CIP 数据核字(2023)第 194772 号

责任编辑 刘华鱼
封面设计 一本好书

中国古代战争法研究

熊 梅 姬 娜 冯争争 著

出 版 上海人民出版社
       (201101 上海市闵行区号景路 159 弄 C 座)
发 行 上海人民出版社发行中心
印 刷 苏州工业园区美柯乐制版印务有限责任公司
开 本 720×1000 1/16
印 张 15
插 页 2
字 数 155,000
版 次 2023 年 10 月第 1 版
印 次 2023 年 10 月第 1 次印刷
ISBN 978-7-208-18582-1/E·84
定 价 78.00 元